Jörg Müller

Wege zum geistlichen Leben

Jörg Müller

Wege zum geistlichen Leben

J. F. Steinkopf Verlag
Stuttgart

CIP-Kurztitelaufnahme der Deutschen Bibliothek:
Müller, Jörg:
Wege zum geistlichen Leben / Jörg Müller. –
Stuttgart; Hamburg: Steinkopf, 1987
ISBN 3-7984-0645-6

2 3 4 5 94 91
Einbandgestaltung: Heidi Müller, München
Satz und Druck: Freimund-Druckerei, Neuendettelsau

Für
Dietmar, Gregor und Wolfgang
denen ich mehr an geistlicher
Ermutigung verdanke
als sie selber wissen.

Bücher von Jörg Müller
im J. F. Steinkopf Verlag:

Gott heilt auch dich
Seelische und körperliche Heilung
durch einen lebendigen Glauben
(3. Auflage 1986)

Lebensängste und Begegnung mit Gott

Orientierungen
Thematische Gebete

Stell dein Licht auf den Leuchter
Verständnis und Mißverständnis christlicher Demut

INHALT

»Ich habe so viel zu tun, daß ich kaum zum Beten komme!«

Ein Pfarrer

»Ich habe so viel zu tun, daß ich erst einmal eine Stunde beten muß!«

Martin Luther

Was heißt geistlich leben?

Seit geraumer Zeit frage ich mich, ob es der Wille Gottes ist, dieses Buch jetzt zu schreiben. Das frage ich mich öfters, wenn es um irgendeine Veröffentlichung oder sonstwie geplante oder erbetene Tätigkeit geht. Du wirst erstaunt erwidern, wieso denn nicht? Schließlich handelt es sich doch um ein christliches Thema. Das kann ihm doch nur recht sein. Und doch ist es nicht selbstverständlich, daß alles, was gut und richtig erscheint, sofort getan werden müßte. Alles hat auch im Plan Gottes seine Zeit (vgl. Pred 3, 1–8). Ich erinnere an die Worte Jesu: »Meine Stunde ist noch nicht gekommen« (Joh 2, 4) und »Siehe, die Stunde ist da, in der der Menschensohn überliefert wird« (Mt 26, 45). Oder: »Geht ihr doch zu diesem Fest. Ich komme nicht mit euch, weil meine Zeit noch nicht da ist!« (Joh 7, 8) Wenige Minuten (!) später ging er dann hin. Viel Gutgemeintes kann sich nicht zum Wohl des Menschen entwickeln, weil es zu voreilig oder zu spät getan wird. Gedanken bedürfen der Reifung, der inneren Auseinandersetzung und Prüfung: Entspringen sie meinem Eigenwillen oder sind sie von Gott? Oder sind sie gar Irritationen des Satans? Sollen sie jetzt oder später verwirklicht werden? Wozu mache ich dies und jenes? Wird Gott damit geehrt? So tut der geistliche Mensch gut daran, erst einmal seinen Herrn zu befragen, worin sein Wille besteht. Entspricht das, was zu tun oder sagen ich geneigt bin, inhaltlich und zeitlich dem Plan Gottes?

Vor einem Jahr ist mein letztes Buch herausgekommen: »Stell dein Licht auf den Leuchter«. Da ist die Frage erlaubt, ob sich ein nächstes so pausenlos anfügen soll. Ich glaube aber fest daran, daß Gott dieses Werk wünscht, und zwar jetzt. Woher nehme ich diese Gewißheit?
Nun, einmal drängen sich mir die Gedanken zu diesem Thema immer stärker auf. Sie lassen sich durch keine noch so plausible Argumentation verdrängen; etwa die Argumentation: Ich habe genug am Hals; außerdem können das andere Leute viel besser als ich; und wieso sollte gerade unsereiner, der das »weise Alter« noch nicht erreicht hat, so ein Buch schreiben? Zum anderen werde ich in Begegnungen mit Patienten und Freunden wiederholt auf die Notwendigkeit eines solchen Themas hingewiesen. Als eines Tages eine gläubige Dame die Bemerkung machte, ob ich nicht einmal daran gedacht hätte, ein Buch über meine geistlichen Erfahrungen zu schreiben, deutete ich dies als das von Gott erbetene Zeichen.
Was ich damit sagen will, ist dies: Geistlich leben heißt: auf Gott hören, seine Antenne täglich neu auf seine Wellenlänge ausrichten, sich von seinem Geist erfüllen und leiten lassen. In letzter Konsequenz tue ich nicht etwas für Gott, sondern ich erlaube ihm, für mich das zu tun, was ich nie für mich selber tun könnte. Ich lasse mich von ihm zu seinem Werkzeug machen.
Es gibt gute christliche Menschen, die dem Irrtum erlegen sind, sie seien nicht wert, etwas von Gott zu empfangen, beziehungsweise Gott sei zu sehr beschäftigt, als daß er sich um ihre arme Kreatur kümmern könnte. Eine solche Auffassung widerspricht der Absicht Gottes, sich um jeden Einzelnen zu sorgen. Er wartet darauf, daß wir uns ihm öffnen und ihn hereinlassen: »Siehe, ich stehe vor der Tür und klopfe an. Wenn jemand meine Stimme hört und öffnet, werde ich bei ihm einkehren. Ich werde mit ihm essen und er mit mir« (Offb 3, 20).
Wer bewußt sein Leben als Christ gestalten will, muß sich nicht auf die religiösen Angebote stürzen, nur noch Spiritu-

elles konsumieren und das Weltliche meiden. Das wäre eine einseitige, ungeistliche Haltung. Für den wahrhaft religiösen Menschen bekommen die weltlichen Dinge einen religiösen Wert. Ich rede hier nicht von widergöttlichen, schuldhaften weltlichen Handlungen. Ich muß den Alkohol nicht meiden, weil vielleicht »der Teufel den Schnaps gemacht hat«; ich brauche auf das Tanzen nicht zu verzichten, auf den Freizeitvergnügungspark und auf all die Konsumgüter, die uns zu ersticken drohen. Auf das Maß kommt es an.

Der religiöse Mensch ist nie fertig. Er ist ein Suchender, Fragender, nie mit sich zufrieden (im Sinn der Selbstzufriedenheit und Sattheit); er kann ein Buddhist, ein Jude, ein Hinduist, ein Moslem, ein Christ sein. Aber von allen religiösen Angeboten erscheint mir die Lehre Jesu noch am einfachsten und sinnvollsten. Von allen Religionsstiftern ist das Leben Jesu das überzeugendste und konsequenteste; seine Lehre von Vergebung und Erlösung ist die revolutionärste. Ein Christ muß jeden Tag neu seinen Glauben erkämpfen; er ist unterwegs und bleibt nicht am Alten und Bewährten stehen (»da weiß man, was man hat!«); er geht weiter, ohne immer genau zu wissen, welche Überraschung auf ihn wartet.

Nun gibt es da auch die vielen religiösen Nomaden, die ständig Zelte aufbauen und abbrechen und woanders wieder aufbauen: In Sekten, bizarren Lebensgestaltungen, Einsiedeleien, sonderbaren Kommunen und esoterischen Schnekkenhäusern führen sie ein extrem religiöses Leben, jedoch letztlich heimatlos, abwegig. Sie sind nicht zu verurteilen, sondern in ihrer Unstetigkeit Vertreter des modernen, suchenden religiösen Menschen.

Der geistliche Mensch muß lernen, auch negative Erfahrungen im spirituellen Bereich zu sammeln, Unbequemes auszuhalten, lästige Mitmenschen zu ertragen, geistliche Trokkenheit hinzunehmen. Seine geistliche Reife zeigt sich in der religiösen Heimat und Treue zu dieser Heimat. Auch und besonders dann, wenn sich Enttäuschungen, Ärgernisse einschleichen. Der Geist Gottes ist nie in ungetrübter

Weise zu erfahren, da die menschlichen Eigenschaften und Erfahrungen jede geistliche Erfahrung färben. »Jetzt sehen wir nur ein unklares Bild wie in einem trüben Spiegel; dann aber stehen wir Gott gegenüber. Jetzt kennen wir ihn nur unvollkommen, dann aber werden wir ihn völlig kennen« (1 Kor 13, 12).

Ich spreche gelegentlich von Lebensübergabe an Gott. Gemeint ist damit die Bereitschaft des Menschen, sein ganzes Leben auf Gott hin auszurichten, sich von ihm führen zu lassen und im Gebet hellhörig zu werden auf das, was Gott von ihm will. Vielleicht sagen wir besser: Lebenshingabe. Dies bedeutet auch Aufgeben seines bisherigen negativen Lebensstils, seiner schlechten Gewohnheiten, seiner übertriebenen Eigenregie, also »Sterben« für Christus, um sich von ihm füllen und erfüllen zu lassen. Erst wenn er Gott ganz vertraut, können in ihm die Gaben des Heiligen Geistes wirken: Er wird froher, freier, natürlicher. Die Probleme werden deshalb nicht verschwinden; die Sorgen werden nicht kleiner, aber sie werden nebensächlicher, erträglicher und erscheinen in einem anderen Licht.

Jeder Christ sollte geistlich leben, das heißt den Geist Gottes in sein Leben hereinlassen. In der Taufe und Konfirmation haben wir den Heiligen Geist empfangen, der uns versprochen wurde (Joh 14, 16). Doch nur wenige Christen glauben an seine tatsächliche Wirkung. Sie halten dieses Wort Jesu eher für eine symbolische oder für eine nur damals gültige Aussage. Und so liegen die spirituellen Kräfte brach und mit ihnen auch die Möglichkeit, das Leben grundlegend zu ändern.

Viele haben Angst vor Gott und seinem Wirken. Sie fühlen wohl zu Recht, daß sich einiges in ihrem Leben ändern müßte. Aber sie sind so sehr an die liebgewordenen Gewohnheiten gebunden, daß sie sie nur widerwillig aufgeben möchten. Andere glauben, ein wirklich christliches, geisterfülltes Leben bereite ihnen nur Mühe und ständigen Verzicht auf Annehmlichkeiten. Diese lebensverneinende Sichtweise stammt nicht aus der Bibel. Sie ist das Ergebnis

einer falschen religiösen Erziehung oder falscher, engherziger Vorbilder. Wer sich aus eigener Kraft an die Gebote hält, wer gutmeinend alles Weltliche verteufelt, wirkt nicht missionarisch. Die ständige Bezwingung seiner Launen macht ihn mürrisch und gereizt. Da erscheint einem das Leben der Sünder anmutiger als das Leben der verkrampften Gerechten. So lehrt es niemals die Bibel.
Ich habe viele Jahre meines Lebens in ähnlich verbissener Eigenregie gehandelt: Verzweifelt kämpfte ich gegen schlechte Neigungen an, appellierte stets an meine Willenskraft und hatte dabei mehr Angst vor dem Rückfall als Freude am Leben. Je mehr ich aus eigener Kraft handelte, desto mißmutiger wurde ich. Ich suchte in allen möglichen Ersatzbefriedigungen einen Ausgleich für die mir auferlegten Entbehrungen. Schuldgefühle stellten sich ein, die wiederum »abgebüßt« werden mußten in neuerlichen Entbehrungen. Irgend etwas konnte da nicht stimmen. Selbst das Beten war mehr ein pflichtbewußtes Tun, nicht ein Hinhören auf Gott, der mir schon lange sagen wollte: »Jörg, hör auf, alles aus eigener Anstrengung bewältigen zu wollen! Deine Mühe entspringt nicht meiner Gnade. Betrachte alles mit den Augen der Liebe, und nichts wird dir schwerfallen!«
Als ich dann 1982 die Charismatische Erneuerung kennenlernte und mit ihr eine Menge vom Heiligen Geist erfüllte Menschen, habe ich mit dem Herzen begriffen, was bislang mein Kopf vergeblich zu verstehen versuchte. »Allein der Segen Jahwes macht reich; die eigene Mühe fügt nichts hinzu!« (Spr 10, 22)
Ich bin ein Denktyp und muß immer wieder Kompromisse schließen mit meinen Empfindungen. Viele Menschen haben Schwierigkeiten mit ihrem religiösen Leben, weil sie sich nicht genügend kennen. Die Selbsterkenntnis ist eine wesentliche Voraussetzung zum Gelingen des geistlichen Lebens, weil man sonst möglicherweise gegen seine eigene Mentalität antritt. Was mein Nachbar in religiöser Hinsicht tut, muß nicht auch meinem Wesen entsprechen. Gott hat für jeden seinen eigenen Plan, der stets den vorgegebenen

Veranlagungen entspricht. Wer also nur nachahmt und ausschließlich seine menschlich begrenzte Kraft benutzt, wird scheitern. Hierin liegt ein Grund für so manche Enttäuschung und resignierte Abkehr vom eben erst eingeschlagenen Weg.

Viele gute Ratschläge von Amtsgeistlichen und christlichen Autoren übersehen in Unkenntnis psychologischer Sachverhalte die unterschiedlichen Charaktere, die auch einen je anderen, eben eigen-tümlichen Weg gehen müssen. Geisterleuchtete Menschen weisen dem Ratsuchenden im allgemeinen den richtigen Weg. Das schließt Irrtümer nicht aus. Da immer wieder eigene Gedanken und Wünsche, unerkannte Gefühle und Neigungen die geistlichen Einflüsse verfälschen können, ist der gottverbundene Mensch nicht unfehlbar. Manche meiner therapeutischen Ratschläge und Diagnosen stellten sich im nachhinein als falsch heraus. Der häufigste Grund dafür lag in meiner Voreiligkeit.

So ist die Kenntnis der eigenen Person sowie das Wissen um psychologische Vorgänge bei der geistlichen Führung eine unabdingbare Voraussetzung.

Gott hat mich bis zum 30. Lebensjahr studieren lassen. Eine Fülle von Zusatzausbildungen, oft auf Umwegen erreicht, ging mit den theologischen, philosophischen, pädagogischen, psychologischen und teilweise medizinischen Studien einher. Warum das alles? Heute weiß ich, daß Gott meine Eltern benutzte, damit sie mich durch diese Schule gehen ließen, die für meine beruflichen Tätigkeiten die besten Voraussetzungen lieferte. Immer noch ringe ich um die Gabe der Erkenntnis, ohne die ein Mensch ins Schleudern kommen kann. Jeder Christ sollte um diese Gabe beten. Und was mir noch aufgefallen ist, seitdem ich mich Gott ausgeliefert habe: Mein Leben wurde nicht ärmer, nicht farbloser, sondern reicher an positiven Erfahrungen, an gläubigen Freunden, an Zeichen Gottes, an der Erkenntnis dessen, was noch geändert werden muß. Manchmal ist es geradezu ein Abenteuer. Welche Überraschung hat Gott jetzt bereit? Natürlich sind die geistlichen Kämpfe nicht weggefallen.

Eingefahrene Unsitten werden deutlicher, bislang gelebte Oberflächlichkeiten rücken klarer ins Bewußtsein. Eine wachsende Sensibilität für das, was falsch und richtig ist, stellt sich ein. Das Licht Jesu erhellt das Dunkel.
Ich erwähnte bereits, daß es unterschiedliche Typen gibt, von denen jeder seinen persönlichen Weg gehen muß. Es muß in der geistlichen Wegführung bedacht werden, ob jemand ein Denk- oder ein Empfindungstyp ist; sonst entstehen Verwirrungen, die sich der Satan zunutze macht, um Suchende vom rechten Weg abzubringen. Die Unterscheidung dieser beiden Grundtypen soll im folgenden kurz dargelegt werden. Die weiteren Kapitel wollen dann den Weg weisen, wie ich mich vom Geist Gottes erfüllen und leiten lassen kann. Denn in jedem Menschen wohnt die Sehnsucht nach einem geisterfüllten Leben. Wir sind nur ständig versucht, den bequemen Weg zu gehen und unsere Fehlentscheidungen mit allerlei psychologischen Tricks und Abwehrmechanismen zu bagatellisieren. Mißverständnisse, Versäumnisse in der Selbsterziehung, Manipulationen in den Medien machen uns langsam blind und taub für die Botschaft Gottes. Auch diejenigen, die besonders aggressiv gegen Religion und Kirche auftreten, verraten mitunter gerade dadurch ein Interesse an der »Sache Gottes«. Sie sind mit diesem Gott nicht fertig geworden und ähneln in mancherlei Hinsicht dem verzweifelten Anrufer, der am Telefon sagt: »Mir kann keiner helfen!« (Warum ruft er dann an?)
Ich empfehle dir, lieber Leser, bei der Lektüre des Buches Gott um Einsicht zu bitten. Er wird dein Herz öffnen und Wohnung bei dir nehmen.

Der Denktyp

Der Denktyp hat es schwer, seine Gefühle vor anderen auszudrücken. Sein Vorteil gegenüber dem Empfindungsmenschen liegt in der Beherrschung seiner Emotionen, in der Fähigkeit, Glaubensformeln zu strukturieren, zu hinterfragen und zu systematisieren.

Im religiösen Leben tut er sich schwer, vor anderen laut zu beten; ja, er möchte jeden Eindruck vermeiden, der ihn als frommen Menschen hinstellen könnte. Man könnte etwas überspitzt sagen: Unter den Denktypen finden sich eher die Scheinbösen, unter den Empfindungstypen eher die Scheinheiligen. Der rationale, nüchterne Mensch neigt zu Moralisierungen, kann manchmal sehr verkopft sein, ja geradezu fanatisch. Weil er seinen Kopf durchsetzen will, sind bei ihm Kopfschmerzen und Migräne nicht selten. Er muß lernen, die Wertvorstellungen und die religiösen Meinungen seiner Mitmenschen zu tolerieren und sie nicht nach seinem eigenen Bild formen zu wollen.
Gewiß meint er es gut; aber manchmal übertreibt er es mit seinen Rationalisierungen und Bemühungen, alles mit dem Verstand zu erfassen. Er muß auch lernen, die Gefühlsschwingungen seiner Mitmenschen mitzuempfinden, wenn er nicht zu einem Prinzipienreiter werden will.
Ich habe schon bei etlichen Denktypen erleben können, wie sich ihr Verhalten geändert hat, nachdem sie sich der religiösen Wahrheit öffneten. Sie durchbrachen sozusagen die Schallmauer ihrer eingeengten Denkstrukturen und waren zum Beispiel ohne weiteres imstande, mit dem Körper zu beten, also die Hände zu erheben, zu klatschen, sich im Rhythmus der Musik zu bewegen.
Ich selbst zähle mich eher zum Denktyp. Niemals hätte ich vor meiner Begegnung mit der Charismatischen Erneuerung ein solches körperliches Beten vollziehen können. Ein Jahr dauerte es, bis ich meine Hände ein wenig erheben konnte. Und nach der Lebensübergabe folgten dann weitere körperlich-seelische Entkrampfungen. Mir wurde auch klar, wie sehr unsere sonntäglichen Pfarrgottesdienste dem Denktyp entgegenkommen: nüchtern, viel Textinformation, emotionslos, Lachen und Applaudieren verpönt, vom Erheben der Hände beim Gebet ganz zu schweigen. Beim Mitsingen der Lieder tun sich wiederum die Denktypen schwer; sie schweigen lieber; der Psalmvers »Ihr Völker klatschet all in die Hände! Gott jauchzet zu mit fröhlichem

Schall« (47, 2) mutet sie an wie ein sentimentales Element aus verstaubten biblischen Zeiten.
Es kann aber auch die Gefahr bestehen, daß der Denktyp bei einem spirituellen Durchbruch seine ganzen verdrängten Gefühle wie ein Orkan austobt und dadurch Verwirrung stiftet und Ablehnung hervorruft. Allzuschnell wird er dann zu Unrecht in die hysterische Ecke verbannt. Deshalb ist unbedingt darauf zu achten, daß bislang zurückgehaltene Empfindungen nicht allein im religiösen Bereich ausgelebt werden. Sonst kommt es zu einer Verfälschung der Spiritualität und zu abstoßenden Reaktionen in seiner Umwelt.
Wirklich Bekehrte, also von Gott Angesprochene und auf Gott Hörende, finden allmählich einen Ausgleich zwischen Denken und Fühlen. Sie eifern nicht, wie Paulus in 1 Kor 13, 4 schreibt. Sie zeigen weder eine fanatische noch eine sentimentale Verhaltensweise, die beide keine Auswirkungen des Heiligen Geistes sind. Der bekehrte, geisterfüllte Denktyp benutzt seinen Verstand und sein Wissen nicht mehr in so eigenmächtiger, besserwisserischer Weise, wie er das vielleicht früher getan hat; er dosiert nun; er ist vorsichtiger und hat immer mehr die Frage im Hinterkopf: Würde Gott auch so sprechen, so handeln?
Es ist tatsächlich so, daß ein Sicheinlassen auf Gott, d. h. also ein ständiges betendes Nachinnenlauschen den Charakter allmählich verwandelt. Ich sage: allmählich. Und ich sage nicht, daß alte Schwächen, Schattenseiten, blinde Flekken gänzlich verschwinden, wie ich das in einem späteren Kapitel noch genauer darlegen werde. Manche plötzlich fromm gewordene Christen bekommen nun von ihren kritischen, religiös eher abständigen Verwandten den Vorwurf zu hören: »Seit du zu einem frommen Kirchgänger geworden bist, seit du die Bibel liest, bist du aber keinen Deut besser geworden.« Diese Feststellung kann mitunter stimmen. Wir Menschen brauchen viel Zeit, wenn es um den Abbau eingeschliffener Fehler geht. Gott hat die Zeit.
Gewiß gibt es auch Christen, die fleißig alle Gebote halten, ohne jemals eine positive Veränderung in ihrem Leben zu

zeigen. Ihre Frömmigkeit ist ohne tiefgreifende, existentielle Konsequenz und gleicht einem weißgetünchten Grab (vgl. Mt 23, 27). Die Erfüllung von Geboten allein macht noch nicht gerecht (Röm 3, 20). Das Angerührtsein von Gott hat nicht immer eine sofortige, sichtbare Wandlung zur Folge. Gerade rationale, alles hinterfragende Menschen tun sich schwer, unerklärliche Geschehnisse, innere göttliche Anrufe widerstandslos hinzunehmen. Das muß alles erst einmal kritisch geprüft und eventuell weggeschoben werden, wenn sie nicht gerade ein paulinisches Damaskusereignis vom hohen Roß stürzen läßt.

Es zeigt sich aber auch, wie Gott menschliche Schwächen zuläßt und sie nicht zum Schaden werden läßt, solange sie im guten Glauben des Betreffenden eingesetzt werden. Er schreibt auch auf krummen Zeilen gerade. Ich wiederhole: Niemand kommt durch unsere Fehler zu einem geistlichen Schaden, wenn wir es ehrlich gemeint haben; denn die Gnade Gottes wirkt nach ihren eigenen Gesetzen.

So brauchen wir also nicht perfekt zu sein oder nach irgendwelchen geistlichen Leistungen zu trachten, weil die Gnade Gottes mitbestimmt. Die bei Matthäus 5, 48 ausgesprochene Forderung, vollkommen zu sein wie der himmlische Vater, bezieht sich auf die Verwirklichung der Selbst- und Nächstenliebe. Man könnte auch den Begriff der Vollkommenheit als Tugend der Ganzheitlichkeit betrachten, das heißt wir sollen Leib, Seele und Geist als eine Einheit betrachten, die insgesamt einer ständigen Pflege bedarf. Wer im übertriebenen Sport oder in einer narzißtischen Weise seinen Körper überbetont, ist nicht ganzheitlich. Der Denktyp muß darauf achten, daß er seine seelischen Regungen (Gefühle, Gemüt) nicht zu stiefmütterlich behandelt. Der Empfindungstyp sollte seinen Verstand nicht zu kurz kommen lassen. Beide aber tun gut daran, ihren Körper als »Tempel des Heiligen Geistes« (1 Kor 6, 19) zu achten und zu pflegen und über allem die geistlichen Kräfte zu üben; denn was hilft es dem Menschen, die »ganze Welt zu gewinnen, aber an seiner Seele Schaden zu erleiden« (Mk 8, 36)?

Der Empfindungstyp

Helmut Hark schreibt in seinem Buch »Religiöse Neurosen«, aus dem ich einige der hier ausgeführten Gedanken entnehme: »Das Fühlen und die Gefühle sind ein Stiefkind vieler Christen. Viele meinen, daß der Glaube und das Gefühl überhaupt nichts miteinander zu tun hätten. Ihre Spiritualität bewegt sich in der reinen Höhenluft des Geistes. Bei anderen wieder besteht die Frömmigkeit nahezu nur aus Gefühlen, und es mangelt an der geistigen Durchdringung und Strukturierung. Diese extremen Einstellungen machen auf das Problem aufmerksam, daß allzuhäufig der Glaube entweder nur durch das Denken oder zu einseitig durch das Fühlen bestimmt wird... Das Glaubensleben eines Menschen und sein seelisches Erleben sollten von allen vier Funktionen getragen werden... (So kommt er zu dem Schluß), daß zu einem ganzheitlichen Glauben sowohl das Denken als auch das Fühlen, die Intuition und die Empfindung gehören« (S. 40f.).

Wenn ich hier lediglich den Denk- und den Empfindungstyp beschreibe, so deshalb, weil diese Typologie auch für den Laien am ehesten zu erkennen ist. Sie kann bei der Selbsteinschätzung helfen, wobei stets zu bedenken ist, daß viele Menschen Mischtypen sind mit einem Überhang zu der einen oder anderen Seite. Nicht zuletzt bevorzuge ich diese klare Gegenüberstellung, weil ich ein Denktyp bin. Das mag man auch als Mangel empfinden, doch für das Anliegen dieses Buches ist eine weitere Differenzierung nicht vonnöten.

Der Empfindungstyp begreift alles mit seinen Sinnen. Seine Frömmigkeit ist sinnlich. Er möchte »sehen und schmecken, wie gütig der Herr ist« (Ps 34, 9). Hat er sich einmal eine Meinung gebildet, wird er so schnell nicht mehr von ihr loskommen. Er hält ebenso an einmal erlebten Enttäuschungen fest, so daß hier die Gefahr des Nachtragens besteht. Weil er von seinen Gefühlen getragen wird, ist ihm eine stabile, besonnene Stimmung selten möglich. Oft genug spielt

ihm seine Phantasie einen Streich: Tatsachen werden plötzlich von dunklen Ahnungen verfärbt. So kann er sich im religiösen Bereich zwanghaften, angstvollen Störungen hingeben, auch skrupulösen moralischen Verhaltensformen, hinter denen eine abergläubische, magische Deutung steckt.
Ein junger Mann schilderte mir seine religiösen Nöte: Er glaubte, daß Gott ihn durch besondere, körperlich spürbare Zeichen führte. Immer dann, wenn er ein Zucken im rechten Bein verspürte, deutete er dies als den Wunsch Gottes, nach rechts zu gehen; zuckte das linke Bein, ging er nach links. Mehrfach, so erzählte er weiter, sei er auf diese Weise zu Leuten geführt worden, denen er in irgendeiner Weise nützlich sein konnte.
Diese Geschichte hört sich glatt an, löst aber in mir kein überzeugendes Gefühl einer Gotteserfahrung aus. Es ist möglich, daß es sich hierbei um einen Empfindungstyp mit neurotischer, magisch verfärbter Religiosität handelt.
In der Tat: Der Empfindungstyp muß aufpassen, daß er religiöse Erlebnisse (Gotteserfahrungen, bildhafte Inspirationen = Imaginationen) und raffinierte Täuschungen nicht verwechselt. Seine geringe Neigung zur Reflexion weicht allzugern dem Wunsch nach spirituellem Genuß. Und manchmal können auch intensive Wunschvorstellungen und suggestives Beten sinnhafte »Gotteserfahrungen« produzieren. Andererseits hat er dem Denktyp gegenüber den Vorteil, seine ganze Sinnlichkeit in das Beten einzubringen. So ist ihm bei der Be-Hand-lung einer Krankheit die Berührung mit der Hand wichtig. Gesten gehören bei ihm zum körperlichen Ausdruck religiöser Handlungen.
Während mancher Denktyp dem Fanatismus verfallen kann, liegt bei einigen Empfindungstypen die Gefahr im Hang zu hysterischen Ausdrucksformen. Dazu gehören auch jene sentimentalen, manchmal bigotten, frömmlerisch erscheinenden Verhaltensweisen, die jeden nüchternen Christen in die Flucht schlagen können.
»Ich weiß, er kommt. Jesus kommt bestimmt. Ich weiß es«, jammerte eine Frau mitten in die schönste Gebetsstille hin-

ein; dabei zeigte sie keineswegs eine gelöste und erlöste Heiterkeit, sondern eine hysterisch-depressive Erregung. Alle Anwesenden spürten das Krankhafte an ihrer Reaktion. Als sie gar nicht mehr aufhören wollte mit dem Jammern, nahm ich sie beim Arm und führte sie, beruhigend auf sie einredend, aus dem Raum. Ich führte ein langes Gespräch mit ihr, sie zeigte sich einsichtig, ist aber dann nie mehr erschienen.

Hysterische Verhaltensweisen sind Mittel, die Aufmerksamkeit auf sich zu lenken. Solche Menschen leiden am Mangel an Zuwendung. Mit spektakulären, manchmal theatralisch anmutenden Auftritten versuchen sie, ihren Wunsch nach Zuwendung durchzusetzen. Dazu gehören mitunter auch körperliche Störungen, die als reine Funktionsstörungen keinerlei organischen Befund haben. So können sie zum Beispiel plötzlich gelähmt oder blind werden; andere legen sich einen auffallenden Tick zu (Grimassieren, Zuckungen); wieder andere leiden an einem organisch nicht zu erklärenden Erbrechen. Es gibt eine Fülle solcher Möglichkeiten, sich in den Mittelpunkt zu stellen und wenigstens für kurze Zeit Aufmerksamkeit zu erhaschen. Doch Vorsicht ist geboten: Nicht jedes Erbrechen, jede Lähmung und Erblindung ist hysterischen Charakters!

Erst wenn unbewältigte seelische Konflikte (Liebeskummer, Schuldkomplexe) durch körperliche Erkrankungen ausgedrückt werden, verbunden mit der Suche nach einem hohen Krankheitsgewinn, kann man von Hysterie sprechen (sog. Konversionsneurose: ein seelisches Problem konvertiert = verwandelt sich in eine körperliche Störung).

So ist es auch zu erklären, daß Menschen mit einem hohen Defizit an Zuwendung und Erfolgen immer wieder bei Gebetsabenden um das handauflegende Gebet bitten. Auf diese Weise verschaffen sie sich zugleich einige Momente der zentralen Aufmerksamkeit. Pater Ernst Sievers empfiehlt daher, die Heilungsgebete über Einzelne vor oder nach dem offiziellen Gebetsabend zu verlegen. Hier muß natürlich gewährleistet sein, daß genügend Leute anwesend sind, die mit oder für diesen Menschen beten.

Hingabe an Gott kann bei hysterischen Empfindungstypen masochistische Färbung bekommen: eine unangenehme, süßliche Leidensbereitschaft fällt auf. Ihr Reden vom Kreuztragen, vom Verzichtüben, von Selbsterniedrigung und Buße (was normalerweise durchaus seine Richtigkeit hat) wird zum Ärgernis für jeden gesunden Gläubigen, weil bei ihnen die Lebensbejahung fehlt. Sie denken und handeln »nekrophil«, wie Erich Fromm sagt, d. h. lebensfeindlich, sich um der Sühne willen ablehnend, statt die Liebe zu Gott in den Vordergrund zu stellen und um dieser Liebe willen Verzicht und Buße zu üben. So muß der Empfindungstyp ebenso wie der Denktyp seine Frömmigkeit »erden«, also sein Verhalten immer wieder kritisch abtasten und korrigieren, andernfalls steht er mit beiden Füßen fest – in der Luft.

Der liebliche und der bedrohliche Gott

Vom jeweiligen Gottesbild hängt ab, wie einer sein Leben, seine Probleme, seine Leiderfahrungen und seine Erfolge deutet. Des weiteren hängt davon ab, wie und um was er betet. Die gesamte geistliche oder auch ungeistliche Haltung richtet sich – meist unbewußt – nach seinem erlebten Elternbild, das er als Kind auf Gott überträgt. Darüber sprach ich bereits in meinem Buch »Lebensängste und Begegnung mit Gott«. Wenn er dieses Gottesbild später nicht mehr überprüft und korrigiert, bleibt er diesem meist infantilen oder magisch besetzten Gottesbild verhaftet und läßt es dann irgendwann einmal gänzlich fallen, ohne ein neues mündiges Verhältnis zu seinem Gott aufzubauen.

Ist Gott die stets lächelnde, liebliche Güte in Person, die von vornherein vergibt und beide Augen zudrückt, die Menschlich-Allzumenschliches übersieht, weil er doch ein Gott der Liebe ist? Der keines seiner Geschöpfe verloren gehen läßt, auch wenn dieses Geschöpf nichts von ihm wissen möchte? Der zwar mit der Verdammung (Hölle) droht für den Fall einer unbußfertigen, gotteslästerlichen Haltung, aber dann doch einen Rückzieher macht, weil der arme Schlucker eine

schlimme Krankheit hatte oder ein Opfer widriger Umstände wurde? Und das alles hat er doch zugelassen! Wie also, so fragen heute viele Menschen, kann er so hart sein? Oder ist er der bedrohliche Moloch, der denjenigen das Fürchten lehrt, der sich nicht an die Gebote hält? Der Druck ausübt mit der Androhung sadistischer Strafen, sobald einer den rechtschaffenen Weg verläßt?
Weder – noch. Gott ist keine berechenbare Größe, doch nicht unberechenbar in seinem Handeln. Sein Wille ist deutlich und klar in der Heiligen Schrift ausgesprochen; sein Umgang mit den Menschen ist von gütiger Strenge, das heißt von Gerechtigkeit bestimmt. Das kann aber nur der vom Geist Gottes erfüllte Mensch erkennen; das ist jeder, der vor ihm klein geworden ist, demütig (Mt 11, 25). Gott spielt nicht mit unseren Empfindungen. Gerade dem Sünder ist er zugetan, dem Schwachen, dem Geächteten, dem Kranken und Verstoßenen. Er will jeden Menschen in seine Nähe ziehen. Auch wenn ein Christ oder seine Kirche Menschen mit einem sündigen Image von sich weist (vgl. 1 Kor 5), nicht so Gott. Insofern ist er der liebende, verzeihende Vater. Das kann aber nicht heißen, daß er einen Menschen gegen dessen freien Willen in seine Nähe holt. Denn Gott ist souverän genug, die von ihm verschenkte Freiheit zu achten. Er sagt nicht: »Wenn ich rufe, mußt du kommen!«, sondern: »Wenn ich rufe, bleibt dir die Möglichkeit freier Entscheidung.«
Viele Menschen leben in dem Irrtum, Gottes Ruf bedeute gänzliche Veränderung ihres Lebens mit eher freudlosen Konsequenzen. Deshalb entfernen sie sich von ihm und suchen in vielfältiger Weise ihr inneres Vakuum zu füllen, geben sich mit der Mittelmäßigkeit christlichen Lebens zufrieden oder wandern schließlich ganz aus der geistlichen Heimat aus.
Wenn sie lang genug still wären und nach innen lauschten, würden sie immer noch den leisen Ruf Gottes vernehmen. Er läßt nämlich nicht locker. Er geht jedem verlorenen Schaf nach (Mt 18, 12 ff.).

Andere glauben, ein Einlassen auf Gott ließe sie in der Welt zu kurz kommen. So schließen sie einen faulen Kompromiß zwischen Tugend und vermeintlicher Lebensfreude, indem sie etwa reichlich Spenden geben und sich von Zeit zu Zeit gewissen Verzicht- und Bußübungen hingeben, um dann um so mehr wieder ihrem fragwürdigen Lebensstil frönen zu können. So rechnete mir einmal eine Patientin vor, daß sie ja zum Ausgleich ihrer außerehelichen Beziehungen viel beten und sich manche Opfer auferlegen würde. Sie will Gott und dem Mammon dienen; doch diese Doppelbödigkeit widerspricht den Forderungen Jesu. Wer so lebt, betrügt sich selber und beleidigt Gott. Er verwechselt Freiheit mit Zügellosigkeit und Lebensfreude mit Triebbefriedigung.
»Paßt euch nicht dieser Weltzeit an, sondern gestaltet euch um durch die Erneuerung des Geistes, damit ihr prüft, was der Wille Gottes, das Gute, Wohlgefällige und Vollkommene ist!« (Röm 12, 2) Fest steht: Wer sich einmal für Gott geöffnet hat, muß mit Veränderungen in seinem Leben rechnen. Er wird keineswegs die Freude am Leben verlieren, sondern er wird besser erkennen, wo es lang geht; er wird innerlich freier und froher. »Siehe, ich mache alles neu« (Offb 21, 5).
Ich erlebe Gott einmal als den väterlichen Zurechtweisenden, ein andermal als den auf mich geduldig Wartenden, dann wieder als stillen Wegbegleiter. Das war nicht immer so. Erst der bewußte Umgang mit gläubigen Freunden und ein neues Hinwenden zu Gott befreiten mich allmählich zu einer neuen Sichtweise. Diese Sichtweise ist nicht fertig; sie muß wachsen und bedarf immer wieder einer Überprüfung. Daher ist es ratsam, sich einen geistlichen Führer zu suchen: einen Priester oder einen im Glauben gefestigten, doch der Welt nicht gänzlich abgewandten Freund. Dies kann auch eine geistlich erfahrene Frau sein. Wer wissen möchte, wie Gott ist und was er lehrt, lese in der Heiligen Schrift. Die regelmäßige Lektüre biblischer Schriften stärkt das geistliche Leben; denn Gott spricht auch heute noch durch sie zu uns.

HILFEN UND ANREGUNGEN

Tägliche Schriftlesung

Viele Christen fragen mich, wie man Gott erfahren könne. Sie lesen oder hören gelegentlich von sogenannten Gottesbegegnungen und beneiden diese Menschen, denen Gott scheinbar näher steht als ihnen. Wenn ich sie dann nach ihren konkreten christlichen Aktivitäten frage, weisen sie auf ihre täglichen Gebete hin, auf den Besuch des Sonntagsgottesdienstes, auf den Sakramentenempfang. Frage ich nach der regelmäßigen Bibellektüre und nach dem gemeinsamen Gebet in der Familie, so sehe ich erstaunte Gesichter.

Ich wiederhole: Ohne regelmäßige Beschäftigung mit biblischen Texten ist das geistliche Leben unvollständig; denn ich begegne Gott in diesen heiligen Schriften. Ich behaupte nicht, daß jemand ohne Bibellektüre kein guter Christ sei; aber es fehlt ihm die »Batterieladung«. »Der Mensch lebt nicht vom Brot allein, sondern von jedem Wort, das aus dem Munde Gottes kommt« (Mt 4, 4). Besonders wichtig ist das »Aufladen« für alle diejenigen, die sich den ganzen Tag über den ihnen anvertrauten Menschen, den Kindern, Patienten, den Alten und den Pflegebedürftigen widmen und am Abend erschöpft ins Bett fallen. Hier ist kaum noch die Kraft zur Bibellektüre da; vielleicht schaffen sie es einmal pro Woche. Das wäre schon sehr gut.

Willst du Gott in deinem Leben begegnen und seine Wege erfahren, empfehle ich dir, täglich in Ruhe ein oder zwei Kapitel im Neuen Testament zu lesen. Die alttestamentlichen Schriften sind ohne Kommentare oftmals kaum zu verstehen; sie überfordern und ermüden den theologisch nicht gebildeten Leser und vermitteln ihm eher einen Gott der Rache und kriegerischen Auseinandersetzungen. Außerdem setzen sie eine Menge geschichtlicher Kenntnisse voraus.

Du kannst dir aber auch einen Bibelleseplan oder das Losungsbüchlein der Brüdergemeine besorgen, in dem Bibeltexte für jeden Tag stehen. Lies den betreffenden Abschnitt am Morgen und noch einmal am Abend durch und frage dich, was Gott dir an diesem Tag durch jene Bibelstelle sagen wollte. Auf diese Weise lernst du die Bibel schätzen und erziehst dich zu einem Hören auf Gottes Wirken in deinem Alltag. Weltweit gibt es jährlich in 35 Sprachen das Losungsbüchlein.

Beim Lesen der Bibel ist zu bedenken, daß es sich hier nicht um irgendein erbauliches Buch handelt, sondern um das Wort Gottes, das dich persönlich ansprechen will. Es kann also vorkommen, daß du von manchem Satz oder Abschnitt sehr persönlich und in einer konkreten Situation getroffen wirst. Wenn du die Schrift betend liest, das heißt um den Geist der Erleuchtung bittend und stets in der Erwartung, daß Gott durch die Schrift zu dir spricht, wirst du zunehmend sensibler für das Handeln Gottes in deinem Alltag. Du mußt dir allerdings Zeit nehmen und dich an einen ruhigen Platz zurückziehen. Ein oberflächliches, unkonzentriertes Lesen wird dir nichts bringen.

Ich selbst habe es mir zur Gewohnheit gemacht, für mich bedeutsame Stellen zu unterstreichen, Randbemerkungen zu machen. Oft halte ich inne, wiederhole die Sätze und schlage Parallelstellen nach. Seitdem ich auf diese Weise regelmäßig »meine Bibel« erarbeite, verspüre ich ein wachsendes Interesse an ihr und an der täglichen Umsetzung. Schien sie mir zur Schulzeit und auch später zur Zeit meiner theologischen Studien ziemlich langweilig, so möchte ich sie heute nicht mehr missen.

Maßgebend für eine fruchtbare Lektüre sind vorangehendes Gebet, begleitende Offenheit und ständiges Fragen: »Was will mir Gott jetzt durch diese Stelle sagen?«

Dabei ist die Bibel nicht wie ein magisches Orakel zu mißbrauchen, etwa dadurch, daß ich durch willkürliches, zufälliges Aufschlagen einer beliebigen Stelle eine sofortige Antwort Gottes auf eine bestimmte Frage herausfiltere. Es kommt immer wieder vor, daß ich bei akuten Problemen eine biblische Weisung erhalte, einfach dadurch, daß ich die Heilige Schrift täglich lese. So gab mir Gott einmal eine deutliche Antwort auf die Frage, ob ich die Bibel zum Unterrichtsthema in einer Fachoberklasse machen soll, obgleich die Schüler das Thema ablehnten. Im Rahmen meines Leseplans war der zweite Timotheusbrief an der Reihe. In Erwartung einer Weisung stieß ich auf den Text: »Ich beschwöre dich . . . Verkündige das Wort, sei zur Stelle – gelegen oder ungelegen – rede ins Gewissen, ermahne mit aller Geduld und Belehrung. Denn es wird eine Zeit kommen, in der die Menschen die gesunde Lehre nicht ertragen mögen, sondern sich nach eigenem Gelüste Lehrer suchen . . . Vollbringe das Werk eines Verkünders des Evangeliums!« (2. Tim 4, 1–5)

Ein andermal bedrängte ich mich selbst mit Forderungen nach schnelleren therapeutischen Fortschritten bei einer sehr langsam vorwärtskommenden Patientin mit angstneurotischen Symptomen. In dieser Ungeduld bat ich Gott, mir den Weg zu zeigen. Einige Tage später las ich im Johannesevangelium: »Wer in mir bleibt und ich in ihm, bringt viel Frucht. Denn ohne mich könnt ihr nichts tun!« (15, 5) Ich konnte mit dieser Textstelle nicht viel anfangen und begann mit Gott zu hadern über den ausbleibenden Erfolg meiner therapeutischen Bemühungen. Am Abend des gleichen Tages fiel mir dann eine Karte in die Hände, auf der Gott mich zur Geduld mahnte: »In Umkehr und Ruhe liegt das Heil, im Stillsein und Vertrauen deine Rettung« (Jes 30, 15) stand darauf. Gott forderte das Loslassen jeglicher Eigenregie. Ich sollte stattdessen ihm vertrauen und warten. Diese Erfahrung teilte ich der Patientin mit. Wir vereinbarten eine Unterbrechung der Sitzungen für einige Wochen, währenddessen sie die aufgegebenen Übungen zu Hause durchführen sollte. Eine Fortsetzung der wöchentlichen Termine war nicht mehr erforderlich; sie teilte mir telefonisch ihre Besserung mit.

Die Heilige Schrift ist das meistverbreitete Buch auf der Welt. In fast 2000 Sprachen wird sie angeboten. Seit geraumer Zeit wird sie auch wieder von Jugendlichen gekauft und gelesen. Dietmar, ein Freund von mir, trägt seine Bibel stets

bei sich. Selbst im Urlaub am spanischen Mittelmeerstrand studierte er sie, wobei er fleißig unterstrich, Randbemerkungen schrieb. Seine Ausgabe strotzt von farbigen Markierungen, eingelegten Zetteln, Querverweisen. Er liest sie nicht nur, er lebt sie auch.
Würden alle Leser die in ihr enthaltenen Weisungen tatsächlich leben und die Botschaft ernsthaft umsetzen, so gäbe es weniger Haß unter den Menschen. Doch »ein naturhafter Mensch nimmt nicht auf, was vom Geiste Gottes stammt; denn es ist ihm eine Torheit, und er vermag es nicht zu begreifen, weil es geistig beurteilt werden will« (1 Kor 2, 14). Hier mag ein Grund für die weltweit ausbleibende positive Wirkung liegen: Wer mit dem menschlichen Verstand allein das Wort Gottes erfassen will, scheitert.
Um zu einer tiefen und bleibenden Erkenntnis der Schrift zu gelangen, ist neben dem Gebet um Verständnis auch der Umgang mit gläubigen Menschen sehr nützlich. So kann von Zeit zu Zeit ein geistiger Austausch stattfinden, ein gemeinsames Lesen der Bibel und eine Mitteilung von geistlichen Erfahrungen.

Umgang mit gläubigen Menschen

Seit meiner Zugehörigkeit zur Charismatischen Erneuerung besuche ich jede Woche die Gebetsgruppe. Wir beten gemeinsam, sprechen offen über unsere geistlichen Erfahrungen und Probleme, lesen die Heilige Schrift und kommen so zu einer wachsenden und von geisterfüllten Menschen mitgetragenen Spiritualität. Vorher lebte ich mehr im Alleingang meinen christlichen Glauben, eine Zeitlang überhaupt nicht, »redete wie ein Kind, dachte wie ein Kind, urteilte wie ein Kind« (1 Kor 13, 11). Jetzt im Kontakt mit gleichgesinnten jugendlichen und erwachsenen Christen fällt mir die Umsetzung der Botschaft Jesu leichter. Wir stecken uns sozusagen gegenseitig an. Jeder hat Zutritt zu solchen Gebetsgemeinschaften, die in fast allen größeren Gemeinden entstehen; niemand ist zu irgend etwas verpflichtet.

Wer einmal erfahren hat, welche befreiende und stärkende Wirkung der regelmäßige Kontakt mit aktiv gläubigen Mitmenschen hat, will diese Kommunikation nicht mehr aufgeben.
Es ist ungleich schwerer, als religiös praktizierender Mensch inmitten ungläubiger oder religiös gleichgültiger Leute zu leben. Das Gefühl der fehlenden Solidarität kann das geistliche Leben sehr bedrücken; manch guter Ansatz verkümmert. Deshalb rate ich eindringlich zur Kontaktaufnahme mit anderen Christen und zum Aufbau kleiner Gebets- oder Bibelkreise. Diese Kreise sollten am Anfang »starke«, also im Glauben gefestigte Mitglieder haben, damit sie später hinzukommende »schwache«, noch unsichere Teilnehmer tragen und stärken können.
»Wo zwei oder drei in meinem Namen versammelt sind, da bin ich mitten unter ihnen!« (Mt 18, 20)
Die Begegnungen sollten nicht allein auf formelle Gebetsabende beschränkt sein, sonst besteht die Gefahr einer Ermüdung. Nicht jeder kann sich bei solchen Treffen öffnen; manches wird auch besser außerhalb gesagt. Gemeinsame »profane« Unternehmungen stärken den Zusammenhalt und bekommen infolge der verbindenden Spiritualität eine ganz andere Qualität.
Studenten der Medizin und Psychologie absolvieren hin und wieder in meiner Praxis ihr Pflichtpraktikum von sechs bis acht Wochen. Ich nehme nur gläubige Studenten an. Und dies aus zwei Gründen. Erstens verstehen sie mein therapeutisches Vorgehen, das ich »Christotherapie« nenne (Bewußtmachung religiöser Not, Beten mit dem Patienten, Analyse seines verzerrten Gottesbildes); zweitens hilft es dem Patienten, wenn der anwesende Praktikant ebenfalls ein aktiver Christ ist. Ein Herr bemerkte einmal: »Seit ich weiß, daß Ihr Praktikant einer Gebetsgruppe angehört, fällt es mir leichter, offen über meine Probleme zu sprechen.«
Geisterfüllte Jugendliche sind mündiger, irgendwie erwachsener als ihre glaubenspassiven Altersgenossen. Sie haben nicht unbedingt bessere Schulnoten, sind aber natürlicher,

offener und selbstbewußter. Diese Erfahrung mache ich immer wieder.
Der Umgang mit gläubigen Menschen sollte nun nicht dazu führen, daß man den Ungläubigen meidet oder ihn einem Bekehrungsdruck unterzieht. Unser christliches und doch weltoffenes Verhalten vermag mehr zu erreichen als eine religiöse Manipulation. Außerdem bleibt die Gnade Gottes ohnehin die maßgebende Kraft.
»Den Schwachen bin ich ein Schwacher geworden, um die Schwachen zu gewinnen« (1 Kor 9, 22). Paulus empfiehlt also eine gewisse Anpassung, »um auf jeden Fall etliche zu retten«.
Wir sollten stets so leben, daß der Gleichgültige neugierig wird auf diesen Gott. Anstecken, nicht einstecken heißt die Devise. Das Problem ist in einer Ehe besonders gravierend, wenn nur einer der Partner religiös aktiv ist; hier entstehen manche Spannungen, die zum bekannten Opfer-Verfolger-Spiel führen können: Der Gläubige will seinen gleichgültigen oder aggressiv ungläubigen Partner missionieren; dieser aber sucht solche Missionierungsversuche zu untergraben, indem er dem anderen Heuchelei vorwirft, sobald er irgendeinen Fehler macht.
Paulus schreibt im ersten Korintherbrief: »Denn der ungläubige Mann ist durch seine gläubige Frau geheiligt, und die ungläubige Frau durch ihren gläubigen Mann« (7, 14). Mit anderen Worten: Geduld, Toleranz und vorgelebtes Christentum sind die besten »Werbemittel« für Gott.
Der Spruch vom faulen Apfel, der die gesunden ansteckt, gilt nicht für den geistlich stabilen Christen. Er muß die Ungläubigen, die Gottesleugner nicht meiden aus Angst, von ihnen angesteckt zu werden. Es gilt eher umgekehrt: Er ist als Bote Gottes dazu berufen, allein durch seine Anwesenheit oder durch seine Denk- und Lebensweise diese religiös Abständigen anzustecken und in ihnen ein noch glimmendes Lichtchen zu entfachen. Der Auftrag, hinauszugehen und die Botschaft Gottes zu leben, gilt für jeden Christen. Er kann nicht darin bestehen, jeden bekehren zu wollen und

sich ihm aufzudrängen, sondern zunächst einmal einfach dazusein, seinen Glauben zu praktizieren, seinen Gott zu verteidigen im Hinblick auf seine Gnade, die dann schon alles andere in Bewegung bringen mag.
Es ist eine seltsame Fügung Gottes: In den letzten Jahren komme ich immer häufiger mit wunderbaren, geisterfüllten Menschen in Berührung. Hier die Bilanz einer einzigen Woche: Ein Medizinstudent aus Hannover fragt an, ob er ein Praktikum bei mir absolvieren könne, er sei Mitglied der Katholischen Hochschulgemeinde; zwei Jugendliche melden sich zu einem Besuch an, sie möchten für einige Tage bei mir wohnen und auch den Trierer Gebetskreis besuchen, sie sind beide Mitglieder des christlichen Jugendzentrums Ravensburg. Eine Dame aus Osnabrück schildert mir in einem Brief, daß sich ein befreundeter Priester neu für seinen Dienst entschieden hat, nachdem er mein Buch »Lebensängste und Begegnung mit Gott« gelesen habe, das sie ihm geschenkt hat. Ein Diakon, der wegen ehelicher Probleme und starker Glaubenszweifel kam, findet zu Gott und zu seiner Frau zurück. Eine Schülerin äußert den Wunsch, den Trierer Gebetskreis zu besuchen, und richtet mir Grüße aus von einer krebserkrankten Dame, die im Glauben an Gottes Liebe Halt gefunden hat. So folgte eine frohe Botschaft auf die andere. Gewiß gibt es auch Wüstenstrecken und die Erfahrung, daß nichts mehr zu gehen scheint. Doch davon später.
Gott will uns stärken, indem er durch seine Schrift, aber auch durch die Menschen zu uns spricht. Er schickt uns von Zeit zu Zeit seine Boten. Daher ist es gut, sich mit ihnen zusammenzusetzen und anstehende Konflikte zu besprechen. Ein körperlich-seelisch kranker Mensch, der vollkommene Heilung sucht, also auch eine heile Gottesbeziehung, wird sie bei einem ungläubigen Arzt kaum finden. Leider haben auch viele christliche Ärzte und Psychologen zu wenig Zeit (oder zu wenig Interesse? zu wenig Mut? zu wenig Spiritualität? zu wenig Sachkenntnis?), um auf die versteckten oder offenen religiösen Nöte ihrer Patienten einzugehen. Ich bin

Gott dankbar, daß sich jetzt viele meiner christlichen Kollegen zusammentun, um auf biblischer Grundlage und bewußt im Geist Gottes Patienten Hilfe zu vermitteln. Wir fahren zu den Kongressen und Tagungen nicht allein der Fortbildung wegen, sondern auch, um gemeinsam zu beten, Gott zu loben. Denn das Gebet hat die stärkste heilende Kraft, die dem Menschen zur Verfügung steht.

Feste Gebetszeiten und -orte

Es erweist sich als sehr nützlich, seine Gebete zu bestimmten Zeiten und nach Möglichkeit auch an bestimmten Orten zu verrichten. Ich meine hier Gebete, die wie Fixpunkte den Tag markieren, zum Beispiel das Lob am Morgen und den Rückblick am Abend. Morgenmuffel und Frühstückshektiker werden ihre Zwiesprache besser auf den Abend verlegen. Solche vorgemerkten Ruhepunkte werden nach kurzer Zeit zur heilsamen Gewohnheit.
Jeder, der seinen Körper trainiert, weiß um den Wert regelmäßiger Übungen, die er sich manchmal abfordern muß. Auf diese Weise stärkt er nicht nur seinen Körper, sondern auch seinen Charakter, der durch die Überwindung der Trägheit zur Regelmäßigkeit und Konsequenz gefestigt wird. Ebenso braucht die Seele ihren geistlichen Rhythmus.
Da ich morgens eine lange Anlaufzeit benötige, bis der Blutdruck im Parterre ist, beschränke ich die »Audienz« auf fünf bis zehn Minuten; darin sind Lobpreis, Dank und biblische Betrachtung enthalten. Während der Fahrt zur Schule (25 km) habe ich dann Zeit genug, den Rosenkranz zu beten. Die Arbeit unterwegs erlaubt mir auf Grund der gedrängten Termine meist nur Stoßgebete, es sei denn, eine therapeutische Sitzung wird mit einem Gebet abgeschlossen. So komme ich erst wieder am späten Abend zur Ruhe. In der Regel beschließe ich den Tag gegen 23 Uhr mit einem halbstündigen Gebet, das Rückblick, Dank, Fürbitten und Stille enthält. Das eigentliche Bibelstudium bringe ich vorher gegen 22 Uhr unter.

Diese geistlichen Übungen ermöglichen mir die Bewältigung der anstrengenden Tätigkeiten in Schule und Praxis. Ich werde immer wieder gefragt, wie ich all die Arbeit in so kurzer Zeit schaffe. Ich glaube, neben meiner angeborenen raschen Arbeitsweise macht es auch die erworbene konsequente Zeiteinteilung möglich. Die geistlichen (aber auch die fast täglichen körperlichen) Fitness-Übungen haben mich bislang vor dem rein funktionalen und oberflächlichen Arbeiten bewahrt. Ohne die Ausrichtung meines Berufs auf Gott hin hätte ich längst die eine oder andere Flinte ins Korn geworfen. Nirgendwo in der Bibel steht geschrieben, daß ein Christ viel oder zu bestimmten Uhrzeiten beten müsse. Das Wo, Wann und Wieviel muß jeder für sich selbst entscheiden gemäß seinen verfügbaren Minuten und seinen geistlichen Bedürfnissen.

Zwanghafte Menschen neigen in dieser Hinsicht zu einem Zuviel. Sie sollten ihre anerzogenen, unechten religiösen Schuldgefühle ignorieren und lieber weniger »leisten«, denn Gott will »keine Opfer, sondern ein demütiges Herz« (Ps 51), was soviel heißt wie: sich der Gnade Gottes ausliefern, sie nicht durch fromme Handlungen zu erkaufen suchen. Depressive Menschen leiden an Schuldgefühlen, weil sie zu wenig zu beten glauben; ihre melancholische Stimmung blockiert jede Aktivität, so daß sie sich oft nur mühsam dazu durchringen können. Ihnen sei ebenfalls gesagt, daß sie der Liebe Gottes sicher sein dürfen. Die Hingabe ihrer Krankheit an Gott ist Gebet genug, wobei sie jedoch aufgefordert sind, nach möglichen unerkannten Fehlverhaltensweisen zu suchen, die Ursachen ihrer Depression sein können (z. B. seine Gefühle verschlüsseln, sich abhängig machen, eigene Interessen und Wünsche verleugnen, sich nicht vergeben können). Lediglich die Faulen und Trägen unter uns sind aufgefordert, sich selbst mehr abzufordern und nicht dem Minimalchristentum zu erliegen, das sich mit der Beachtung der Zehn Gebote begnügt.

Beten ist ein Hören auf Gott, nicht so sehr ein Sprechen. Im Hören auf ihn erhalte ich Weisung, Ermutigung, Mahnung.

Dazu bedarf es der Stille. Und der Beharrlichkeit im Stillsein. Wie oft fällt es mir schwer, eine halbe Stunde ruhig zu bleiben und einfach vor Gott dazusein. Ohne Geplapper. Ohne Beschwörungen. Ohne Zerstreuungen.
Der Anfänger sollte bescheiden beginnen: Fünf Minuten, dann zehn, später zwanzig und mehr Minuten. In bequemer Haltung. Dazu sollte er sich einen ruhigen, angenehmen Ort suchen. Leider sind viele Kirchen tagsüber verschlossen (wegen der Diebstahlgefahr) oder mit lärmenden Touristen gefüllt oder kalt. Also ist eine eigens für die meditative Zurückgezogenheit geschaffene Ecke in der Wohnung notwendig. Dieser Platz sollte allein für das Gebet bestimmt sein; ein schlichtes Zeichen (Kreuz, Blumen, Kerze) regt zum Innehalten an; alles darüber hinaus lenkt eher ab.
In meinem Arbeitszimmer befindet sich eine solche Gebetswand. Dort brennt ständig eine Öllampe, die ich mir aus Taizé mitgebracht habe. Vom Schreibtisch aus fällt mein Blick automatisch darauf. Der Patient sitzt unter dem Kreuz; Christus hat sein Haupt dem Patienten zugeneigt und scheint ihn anzuschauen.
So ist er allgegenwärtig. Die ganze Wohnung gehört ihm. Manche Besucher spüren das und weisen auf die angenehme Ruhe und Ausstrahlung hin, die sie hier vorfinden.
Gregor, ein begeisterter junger Christ und aktives Mitglied des christlichen Jugendzentrums in Ravensburg, begleitete mich zu verschiedenen Vorträgen, die ich in der Pfalz zu halten hatte. Kurz vor Beginn beteten wir gemeinsam in einem Nebenraum um den Geist Gottes, um geistlich aufgeschlossene Zuhörer und um Vermeidung von Störungen. Gregor pflegte dann stets auch zu beten: »Jesus, wir bitten dich, mach alle Räume dieses Hauses und besonders den Saal, in dem Jörg gleich sprechen wird, zu deinem Hoheitsgebiet und laß nicht zu, daß der Feind dort Unruhe stiftet. Du sollst alles in Besitz nehmen und die Herzen der Menschen mit deinem Geist füllen ...«
In der Tat: Wir müssen unsere Wohnungen zum Hoheitsgebiet Gottes erklären, ihn einladen, dort zu wohnen. Der

gute Brauch, geweihte Gegenstände in der Wohnung zu haben, neubezogene Räume zu segnen, ist vielerorts in Vergessenheit geraten. Doch jeder Platz bekommt auf Dauer jene Atmosphäre und Bestimmung, die wir ihm geben.

Beharrlichkeit im Gebet

Eine der schwierigsten geistlichen Tugenden scheint die Geduld zu sein. Sie ist in der Regel eine wesentliche Voraussetzung für die Erhörung unserer Gebete, wobei manchmal eine jahrelange Beharrlichkeit gefordert ist.
Die noch lebende Seherin von Fatima, Schwester Lucia, beschreibt in ihren Erinnerungen an die Marienerscheinungen 1917 eine Episode, in der Jacinta zu der Oberin eines Kinderheims sagt: »Sagen Sie von niemandem etwas Böses und fliehen Sie jene, die Böses über den Nächsten reden. Haben Sie viel Geduld, denn die Geduld bringt uns ins Paradies.« (Georg Scharf: Fatima aktuell. S. 176)
Aber gerade die Geduld fällt so vielen Menschen schwer, auch mir. Ein Gebet, das ein besonderes Maß an Geduld abverlangt, ist der Rosenkranz, den viele Christen für langweilig halten. Er benötigt tatsächlich manchmal eine lange Weile, die nie zur Langeweile wird, wenn man ihn meditativ betet, sich dabei in die Gesetze bildhaft vertieft. Die hier nötige Geduld wird reichlich belohnt. Schwester Lucia berichtet uns weiter, daß Maria bei ihren Erscheinungen in Fatima (und auch in Medjugorje) stets das Rosenkranzgebet forderte, besonders von jenen, die Heilung erbaten. Martin Luther verbrachte täglich viele Stunden im Gebet. Und Gerhard Tersteegen blieb Bandweber, damit er während seiner Arbeit besser im Gebet verharren konnte.
Gott will prüfen, wie groß unser Interesse und wie tief unser Anliegen ist, wenn wir eine Bitte an ihn richten. Wieviel Zeit ist uns das Anliegen wert? Deshalb wird er die beharrlichen Beter ernst nehmen und erhören. »Seid fröhlich in der Hoffnung, geduldig in der Drangsal, beharrlich im Gebet!« schreibt Paulus an die Römer (12, 12). Und Jesus selbst

weist in seinen Gleichnissen wiederholt auf die bis an die Unverschämtheit grenzende Hartnäckigkeit im Gebet hin, so in der Geschichte von der Frau, die einen Richter so lange um ihr Recht bat, bis dieser nachgab (Lk 18, 1 ff.), in der Erzählung vom Nachbarn, der seinen Freund nachts um Brot bittet (Lk 11, 5), im Hinweis auf die heidnische Frau, die hartnäckig um die Heilung ihrer Tochter fleht (Mt 15, 21).
Nun wäre es ein Mißverständnis, würden wir die Beharrlichkeit nur auf die Bitten beschränken; ist doch das Lob- oder Dankgebet eine noch heilsamere Verpflichtung. Gott kennt unsere Anliegen, noch bevor sie ausgesprochen sind. Daher sollten wir uns nicht so verzweifelt in das Betteln stürzen, sonst wird die Bitte zu einem zentralen Gegenstand, um den wir vorwiegend kreisen. Mittelpunkt unseres Lebens soll nicht die Sorge um die Erfüllung eines Wunsches sein, sondern Gott selber. Wer ihn lobt und anbetet, rückt weg vom eingeengten Blickfeld. Wer seinen Vater lobt, darf mit einem Mehr an Gnade rechnen. »Ich lobe dich am Tag siebenmal« (Ps 119, 164) meint also ein ununterbrochenes Loben, das nicht als ein Beten in Worten zu verstehen ist, sondern als dankbare Haltung. Dankbarkeit schützt vor Depressionen. Wer noch im Unglück etwas Positives sieht, wer nicht nur im Pessimismus steckenbleibt, sondern sich immer wieder der Führung Gottes anvertraut, nimmt eine betende Haltung ein. Beharrliches Beten meint also ein existentielles Verhalten, das sich auf Gott hin orientiert.
Hören auf Gott bedeutet: Stillsein, nach innen lauschen und mit Impulsen, Erleuchtungen, neuen Erkenntnissen rechnen. Hören heißt auch: Beim Lesen der Bibel auf mögliche Antworten und Botschaften Gottes achten, die im Text verborgen sein können. Es heißt auch: Im Alltag sensibler werden für die sogenannten Zufälle und hilfreichen Momente, die sich in Gesprächen, Ereignissen und Begegnungen anbieten. Beim Hören muß man aber sehr aufpassen, daß nicht eigenes Wunsch- oder Angstdenken solche »Gotteserfahrungen« färbt. Gottes Wirken hinterläßt Ruhe, Freude, Sicherheit. Alles andere wäre eher ein Ergebnis meines

eigenen Denkens und Deutens. In diesem Punkt müssen wir ein Leben lang wachsen und lernen.
Wer sich eine dankbare Haltung Gott gegenüber angeeignet hat, ist lebensfroher, sensibler für das Wirken Gottes, feinfühliger im sozialen Verhalten, bescheidener in seinen Ansprüchen, weniger anfällig für Mißlaune.
Ich empfehle daher, sich mehr dem Lobpreis zu widmen im Vertrauen, daß Gott all unsere Not kennt und uns reichlich entgegenkommt. »Suchet zuerst das Reich Gottes und seine Gerechtigkeit, und alles andere wird euch dazu gegeben werden« (Mt 6, 33).
Es ist kein Zufall, daß in den Gebeten Jesu zuerst stets das Lob Gottes steht; dem schließen sich die Bitten an. Im Vaterunser sollen wir zuerst um die Heiligung seines Namens und um das Kommen seines Reiches bitten (Mt 6, 9). In seinem eigenen Gebet kurz vor der Gefangennahme (Joh 17) ist ihm die Verherrlichung Gottes wichtiger als seine eigene Not. Selbst die Zehn Gebote beginnen mit der Forderung nach der Verehrung Gottes, seines Namens und des Sabbats, ehe die menschlichen Belange geregelt werden. Stets hat das Lob Gottes Vorrang.
Wir tun gut daran, im Beten und Handeln die Ehre Gottes anzustreben und hierin Beharrlichkeit zu üben und uns nicht so angstvoll mit unseren Krankheiten oder Sorgen zu beschäftigen. In Gebetsgruppen fällt auf, daß die Fürbitten immer noch zu sehr um eigene Sorgen kreisen, ichbezogen sind. Wir müssen mehr auf die Anliegen der Welt, der Kirche, des Nächsten achten und uns selbst zurückstellen.

Mut zu Auseinandersetzungen

Bei vielen ehrlichen Christen findet man eine auffallende Bereitschaft, Streitigkeiten aus dem Weg zu gehen. Das ist an sich gut. Jedoch besteht hier auch die Gefahr, den Weg des geringsten Widerstandes zu gehen und notwendige Auseinandersetzungen mit dem Deckmantel der Liebe im Keim zu ersticken. »Ertraget einander in Liebe« (Eph 4, 2) kann nicht heißen, daß einer seinen Zorn oder seine Ängste einfach hinunterschluckt um eines fragwürdigen Friedens willen. Das Resultat einer solchen mißverstandenen Friedfertigkeit ist vielschichtig: Depressionen, Flucht in psychosomatische Erkrankungen, versteckte Aggressionen, verschlüsselte Angriffe mit Ironie, Sarkasmus, strafende Blicke, beleidigtes Schweigen, dann auch übertriebene Frömmigkeitsübungen, Selbstgerechtigkeit und Umkehrung des verdrängten Ärgers in klebrige Scheinfreundlichkeit.

Jesus hat gewiß keinem Unrecht getan; er hielt oft genug seinen Kopf hin und ertrug in Demut Angriffe gegen seine Person. Er scheute dennoch keine Auseinandersetzung mit seinen Gegnern; und wenn es um die heilige Sache ging, konnte er auch zum Strick greifen (Joh 2, 14–16) und seiner Enttäuschung Luft machen (Mt 12, 39; 13, 57).

Der geisterfüllte Mensch weiß eher, wann er schweigen und wann er kämpfen muß. Allzuviele Menschen sind zu einem fragwürdigen Gehorsam erzogen worden, der sie tragischerweise zum Stillhalten verführt, wo Kampf angesagt ist. »Wenn ich mich wehre und meine Meinung äußere, bekomme ich den größten Krach zu Hause mit meinem Mann«, sagte eine depressive Patientin. »Jetzt vertragt euch; Kinder Gottes streiten sich nicht«, waren die Worte einer Heimerzieherin, die jedoch nicht den Grund des Gezeters kannte.

Die Weichenstellung für die Flucht in Selbstbestrafung, in psychogene Organerkrankungen und depressive Verhaltensformen erfolgt bereits in frühen Kindheitsjahren, manchmal auch erst in den Anfängen einer Partnerbeziehung. Sie liegt in der Unfähigkeit zu trauern, in der Angst vor Konfliktlösungen, in der Verdrängung negativer Gefühle. Eher wird versucht, unerträgliche Situationen erträglicher zu machen durch Nichtwahrhabenwollen des Unerträglichen, durch Beschönigung, durch faule Vertröstungen, durch den Appell, sich zusammenzureißen, Auseinandersetzungen sich nicht leisten zu können.

Jede Begegnung umfaßt eine Gegenseitigkeit, die der Klärung bedarf. Wer eine konstruktive Gegnerschaft nicht riskiert, setzt auf Dauer an die Stelle des fälligen, klärenden Streites eine vernichtende Feindschaft. Daher ist die Vergebung nur möglich nach vorangegangener Verarbeitung aufgewühlter Empfindungen. Sie müssen zuerst einmal erkannt, bekannt und notfalls auch in einer fairen Auseinandersetzung ausgetragen werden.
Immer mehr Jugendliche hängen sich aus der elterlichen Geborgenheit heraus an einen Partner und sind nicht bereit, eine Zeit der Einsamkeit zu erleben, um sich so der Unabhängigkeit aus eigener Kraft zu vergewissern, die erst zur gefahrlosen Abhängigkeit in einer Zweierbeziehung befähigt. Sie überstrapazieren das Liebesgefühl, suchen bald eine gemeinsame Wohnung, vergessen ihre gleichgeschlechtlichen Freunde und rutschen so in den Erstickungstod ihrer Zweisamkeit. Ohne eine Zeit freigewählten Alleinseins gibt es keine kreative eheliche Partnerschaft. Ohne Auseinandersetzung kann keine Zusammensetzung stattfinden.
Die Fähigkeit, empfundene Störungen, heimliche Wünsche und gegenseitige Zurechtweisungen auszusprechen, muß tatsächlich erst wieder erlernt werden. Paulus war ein harter Kämpfer und Verteidiger der Wahrheit. Er war nicht zimperlich, wenn es um Tadel oder um seine Verteidigung ging. Immerhin appellierte er an den Kaiser (Apg 25) und scheute keine juristischen Schritte. So mancher Christ ängstigt sich davor, sich seinem Gott auszuliefern, weil er glaubt, er sei dann zu einer Friedfertigkeit und Kreuzesnachfolge verpflichtet, die ihm Widerstand gegen ungerechte Angriffe und Durchsetzung seiner Rechte verbiete. Selbstverständlich muß er fair bleiben, das Maß abwägen, Geduld üben, Vergebung praktizieren.
In meinem Buch »Lebensängste und Begegnung mit Gott« erwähnte ich auf Seite 149f. die ungerechte Rechtslage, nach der ich erst die Heilpraktikerprüfung ablegen müßte, um als Psychotherapeut arbeiten zu können. Ich habe jahre-

lang diese Forderung abgelehnt und riskierte eine Gefängnisstrafe. Immer wieder bat ich Gott um Klärung der Lage, wandte mich an den Berufsverband, stritt mit den Behörden herum. Zehn Jahre lang. Kurz nach Erscheinen des Buches erhielt ich die Erlaubnis zur Ausübung meines Berufes. Gott hat entschieden.

Mit »Auseinandersetzung« ist gewiß nicht ein unbedingtes Rechthabenwollen gemeint. Mein Recht auf Recht hört dort auf, wo es den anderen verletzt. Ich wiederhole: Geistliche Menschen, also solche, die das Hören auf Gott und das Lesen der Heiligen Schrift bewußt vollziehen, kennen eher ihre Aufgaben und ihre Grenzen. Im Zweifelsfall sind sie auch eher bereit und fähig, auf Auseinandersetzungen zu verzichten, nicht aus falsch verstandener Selbsterniedrigung oder aus Angst, sondern aus Gründen der Klugheit und Großmütigkeit.

In vielen Gebetsgruppen (und Pfarrgemeinden) herrscht Angst vor unliebsamen, doch notwendigen Kritiken an falsch handelnden Mitbrüdern und -schwestern. Aus Angst vor Ablehnung oder Verletzung werden unhaltbare, ärgerliche Zustände hingenommen, statt die Betreffenden darauf hinzuweisen und zur Rede zu stellen. Wer hier dem Kritiker Lieblosigkeit oder unchristliches Verhalten vorwirft, verwechselt Liebe mit falsch verstandener Toleranz. Manchmal müssen die Leiter von Gebetsgruppen allen Mut zusammennehmen, um schwelendes Chaos, verschlüsselte oder offene Mißverständnisse aufzudecken. Wer sich hier durch Stillschweigen beliebt machen will, ist nicht zum Leiter geeignet. Von ihm verlangt man psychische Stabilität, Treue zu seiner Kirche, Leben nach den geistlichen Regeln und Mut zu einer unliebsamen, doch fairen und sachlichen Auseinandersetzung.

Christentum bedeutet, daß man Leid annimmt, anstatt sich davor zu drücken; daß man Schuld zugibt, anstatt immer neue Ausreden zu bringen; daß man Schmerz und Konflikte bejaht, anstatt sie in Ersatzbefriedigungen untergehen zu lassen; daß man dem Tod in die Augen schauen kann, ohne

in Selbstmitleid und Wehmut auszubrechen; daß man umkehrt und Buße tut, anstatt die Schuld Gott in die Schuhe zu schieben; daß man sich in Gott geborgen weiß, der sich für uns zu Tode geliebt hat.
Über dieses längst fällige Nachdenken hat Klaus Vollmer in seinem Büchlein »Nachdenken, Umdenken, Neu denken« sehr Brauchbares geschrieben.

Regelmäßige Selbstüberprüfung

Geistliche Gesinnung beweist sich in der täglichen Orientierung an Gott: »Wie würde *er* jetzt handeln, reden, entscheiden?« Das läuft nicht ohne Schwierigkeiten ab. Und oft genug handeln wir allzumenschlich, von Angst, Zorn, Ungeduld und Egoismus getrieben. Manche gutgemeinten Entscheidungen entpuppen sich hinterher als Fehltritte. Die Liebe zu Gott setzt die Liebe zum Nächsten voraus; denn was wir dem anderen tun, tun wir *ihm*. Die Nächstenliebe gelingt nur, wenn ich mich selbst mag. Und die Selbstliebe meint nichts anderes als das Jasagen zu meinen Gaben und Grenzen.
Jedoch zeigt sich, daß nur wenige Menschen sich selbst kennen. Wenn ich Patienten, Schüler oder Seminarteilnehmer nach ihren Fähigkeiten und nach ihren Charakterschwächen frage, stoße ich meist auf ratloses Schweigen. Einige sind imstande, ihre Schattenseiten aufzuzählen, aber nicht ihre Lichtseiten. Nicht, daß sie sie aus Bescheidenheit verschweigen würden! Nein, sie kennen sie nicht!
Unsere Erziehung ist vorwiegend auf Leistung ausgerichtet: Wir werden mehr für unsere Fehler bestraft als für unsere Erfolge belohnt. Jedenfalls bekommen die meisten Kinder und Jugendlichen eher manipulative An-Gebote vorgesetzt:

»Wenn du fleißig bist, bekommst du . . .«
»Solange du deine Füße unter meinen Tisch stellst . . .«
»Warte nur, bis Vater kommt . . .«
»Reiß dich zusammen, ein Junge weint nicht!«
»Laß das, das kannst du doch nicht . . .«

Die Folgen einer solchen bedrückenden Erziehung liegen auf der Hand: Suche nach Ersatzbefriedigungen (Rauchen, Essen, Drogen, Sex), Ablehnung seiner eigenen Person, sich vergessen wollen und treiben lassen. Ein so bedrängter Mensch wird sich selbst kaum fordern und fördern wollen. Auch findet eine gelegentliche Erforschung seiner Verhaltensweisen nicht statt, da es sich ja doch nicht lohnt. Man mußte stets ein anderer sein, um geliebt zu werden: besser, braver, ordentlicher, pünktlicher, fleißiger, frömmer ... Es wurde zu viel befohlen, zu viel gehorcht, zu wenig gelebt.

Ich appelliere an uns alle. Wir sollten zuerst bei uns selber die Kritik ansetzen: Was habe ich möglicherweise falsch gemacht, daß meine Kinder (mein Partner, meine Kollegen...) so aggressiv reagieren? Vernachlässige ich sie? Überfordere ich sie vielleicht? Bin ich zu einengend mit meiner Fürsorge? Lege ich meine eigenen Gefühle und Konflikte in sie hinein? Die aggressive Verweigerung ihrer Anpassung ist oft eine verschlüsselte Anklage.

»Wenn wir aber selbst mit uns ins Gericht gingen, würden wir nicht gerichtet« (1 Kor 11, 31). Ich pflege jeden Abend einen Rückblick auf den Tag zu werfen und problematische Ereignisse zu analysieren. Mein Gewissen teilt mir die schmerzlichen Fakten mit. Allzuoft ist ein Gebet um Vergebung und manchmal auch eine Entschuldigung bei einem Mitmenschen fällig.

Wir alle müssen aufpassen, daß wir nicht von der »déformation professionnelle« erfaßt werden, von der beruflich bedingten Verformung, die mit dem blinden Fleck verwandt ist: Wir merken nicht mehr, wie wenig wir selber das leben, was wir andere lehren. So mancher Rat, den wir einem Suchenden geben, so manche Rüge, die wir erteilen, gilt auch für uns. Doch unsere rege Aktivität, unser so unermüdlicher Einsatz für andere bringt uns immer weiter weg vom wahren geistlichen Leben, wenn wir nicht von Zeit zu Zeit unser Tun hinterfragen. Wieviele sozial engagierte Christen verhelfen anderen zum Licht, ohne selber zu leuchten! Sie ähneln ausgebrannten Hülsen. Das Zuwenig an gelebter Spiri-

tualität wird dann kompensiert mit einem Zuviel an funktionaler Aktivität. Wir müssen ständig den Ausgleich finden zwischen Martha und Maria (vgl. Lk 10, 41).
Auch geistliche Erfahrungen sollten hin und wieder überprüft werden. Wenn einer meint, eine besondere Gotteserfahrung gemacht oder ein prophetisches Wort (oder eine andere Gabe) erhalten zu haben, so tut er gut daran, dies von geisterfüllten Mitmenschen prüfen zu lassen. Ich habe es einmal erlebt, daß Mitglieder einer Gebetsgruppe im Gebet göttliche Weisungen zu erhalten glaubten, die sich untereinander nicht deckten; sie waren sogar widersprüchlich. Jeder aber beharrte auf der Echtheit seiner Aussage. Gott erteilt keine sich widersprechenden Anweisungen; hier spielt menschliches Wunschdenken mit hinein. Empfindungstypen müssen hier besonders aufpassen, da sie Gefahr laufen, eigene Empfindungen und Denkinhalte in fromme, meditative Momente einzublenden, natürlich unbewußt und durchaus aufrichtig. Eine solche Täuschung habe ich bei mir selbst erlebt. Nach einer langen abendlichen Meditation entstand in mir ein Bild, in dem ich Szenen eines göttlichen Gerichts zu erkennen glaubte. Ich teilte dieses Bild den Anwesenden des darauffolgenden Gebetstreffens mit. Die Reaktion war alles andere als ermutigend; es gab ablehnende Stimmen. Ich fragte mich sofort, ob das Bild nicht Produkt meiner eigenen Phantasie war, und warf mir vor, es nicht vorher dem Leiter der Gebetsgruppe zur Prüfung vorgelegt zu haben.
Im übrigen aber laufen wir eher Gefahr, Gaben zu verstekken aus Angst vor Spott und Blamage. Hier möchte ich aufrufen zum Mut zur Blamage, damit sich der Geist Gottes in uns besser entfalten kann. In der Zeit des geistlichen Aufbruchs, in der wir gerade stehen, müssen wir auch mit Fehlern und Irrtümern rechnen. Die Starken sollten die Schwachen aushalten. Nur so ist Raum gegeben für geistliche Gaben.
Jeder, der eine religiöse Erfahrung macht, die ihn nicht in Ruhe läßt, die vielleicht sogar Angst und Unsicherheit in

ihm erzeugt, soll sich einem Pfarrer anvertrauen, der sich durch Demut und Klugheit auszeichnet. »Und dahin geht mein Gebet: Eure Liebe möge mehr und mehr wachsen an Erkenntnis und allem Verständnis, damit ihr zu prüfen versteht, worauf es ankommt, auf daß ihr lauter und makellos seid für den Tag Christi, erfüllt mit der Frucht der Gerechtigkeit durch Jesus Christus, Gott zu Ehre und zum Lob« (Phil 1, 9–11).

In den Pantoffeln anderer gehen

Manche hausgemachten Streitigkeiten und Mißverständnisse beruhen schlichtweg auf der mangelnden Bereitschaft, sich in die Lage des anderen zu versetzen. Keiner versucht, in den Pantoffeln des anderen zu gehen, wie ein indianisches Sprichwort sagt; wohl aus Angst, liebgewordene Stand-Punkte verlassen oder einen Irrtum zugeben zu müssen.
Gerade in religiösen Auseinandersetzungen finden wir häufig unerträgliche Reibereien, Rechthabereien, moralisierendes Wehklagen. Und ist dann ein Mensch bereit, sich dem christlichen Gott zu öffnen, so wird er nicht selten von übereifrigen, im Glauben fortgeschrittenen, doch gesetzestreuen Mitmenschen überfordert. Die Folge ist ein erschrockener Rückzug des Neulings.
»Milch gab ich euch zu trinken, nicht feste Kost; denn die vermochtet ihr noch nicht zu vertragen. Ja, ihr vermögt es auch jetzt noch nicht!« schreibt Paulus an seine Gemeinde in Korinth (1 Kor 3, 2). Er weiß wohl noch zu gut, wie es ihm selbst nach seiner Bekehrung ergangen ist. Die Botschaft Jesu muß »dosiert« und »verdaulich« angeboten werden. Deshalb ist es dringend geraten, daß Eltern ihre Kinder, Lehrer ihre Schüler, Pfarrer ihre Gemeinde mit Fingerspitzengefühl und im Vertrauen auf Gottes Gnade langsam zu einem aktiven, echten Glauben hinführen, mehr durch eigenes Vorbild als durch Belehrungen.
Ich mache allerdings auch die umgekehrte Erfahrung: Jugendliche beschämen durch ihren Glaubenseifer ihre ab-

ständigen Eltern, Schüler bekehren ihre verkopften Religionslehrer, und aktive Gläubige ermutigen durch ihren Einsatz ihren müde gewordenen Pfarrer zum zuversichtlichen Dienst. Ein jeder lerne vom anderen.
Ich bin Psychologe. Das läßt die gängige und leider auch oft zutreffende Meinung zu, ich sei ein ungläubiger Mensch, der mit Gott und Kirche nichts zu tun haben will. Ich bin aber auch katholischer Theologe mit niederen Weihen. Das verführt nun zur berechtigten Annahme, ich sei ein besonders gläubiger Mensch. Und doch bin ich einige Jahre lang meiner geistlichen Heimat ferngeblieben, habe keine persönliche Beziehung zu Gott gepflegt, betete kaum noch. Während dieser Zeit erteilte ich an zwei Gymnasien einen – wie meine Schüler meinten – interessanten, lebendigen Religionsunterricht, gestaltete fetzige Jugendgottesdienste, predigte. Das alles schien offenbar recht gut zu funktionieren. Und es ging mir nicht schlecht. Als dann die Umkehr erfolgte, merkte ich, wie unehrlich meine vielgelobte Tüchtigkeit war, wie hohl es innen jahrelang ausgesehen hatte.
Und nun begann meine Beziehung zu Jesus lebendig zu werden; sie wuchs stetig, bekam Festigkeit und Form. Es ging nichts plötzlich. Rückfälle stellten sich ein; der »alte Adam« brach wieder durch; es war ein Gang durch die Wüste, den mir ein Franziskanerpater bei meiner Lebensbeichte vorausgesagt hatte. Hätte mir in dieser Phase meines geistlichen Kämpfens ein »Fortgeschrittener« alle jene religiösen Übungen und Einsichten aufgetischt, die ich heute mein eigen nenne, so hätte ich mich schleunigst aus dem Staub gemacht.
Diese Erfahrung lehrt mich, Eiferer zu bremsen, Suchende schrittweise zu begleiten, mich selbst nicht aufzudrängen. Wer den schwachen Mitmenschen vollfüttern will in der Hoffnung, ihn damit möglichst rasch stark zu machen, wird sein blaues Wunder erleben. Sein Zögling wird rasch übersättigt. Jeder Sportler weiß um die Bedeutung eines intensiven Phasentrainings: Der Muskel kann nur an Masse und Ausdauer gewinnen in dosierten Wiederholungen bestimm-

ter Bewegungen, je langsamer, desto besser. Tritt die Gewöhnung ein, so wird der Schwierigkeitsgrad erhöht.
Das gilt auch für das geistliche und geistige Wachstum. Es darf nicht vergessen werden, daß Gott bei allem auch noch ein Wörtchen mitzureden hat: Unsere größte Mühe ist ohne seine Mitarbeit wertlos. »Ohne mich vermögt ihr nichts« (Joh 15, 5).
In des anderen Pantoffeln gehen bedeutet auch: ihn dort abholen, wo er steht. Für ihn mag nach einem gottlosen Leben der regelmäßige Kirchgang eine große Leistung sein, die der Anerkennung bedarf. Wenn er dabei stehenbleibt und keinerlei Bereitschaft zum Wachstum zeigt, muß ich im Gespräch mit ihm die Gründe herauszufinden versuchen. Erst die Kenntnis seiner »Schuhgröße« oder seiner abgetretenen Pantoffeln öffnet mir Möglichkeiten einer weiteren Wegbegleitung. »Wir, die Starken, aber müssen die Gebrechen der Schwachen tragen und dürfen nicht nach unserem Belieben handeln. Jeder von uns sei dem Nächsten gefällig zum Guten, damit er erbaut werde« (Röm 15, 1 + 2).
Wer sich nicht bemüht, die Psyche des anderen kennenzulernen (seine bitteren Erfahrungen und seelischen Verletzungen, seine Ängste und Sehnsüchte, seine Gaben und Grenzen), läuft Gefahr, unduldsam zu werden. Außerdem ist er verführt, die religiöse Umkehr seines Nächsten auf sein eigenes Erfolgskonto zu verbuchen, so wie früher die Missionare die Taufen der von ihnen bekehrten Heiden gezählt haben.
Gewiß sind wir alle aufgefordert, »Salz der Erde« zu sein. Aber vom Versalzen ist keine Rede! Sonst kann das Gegenteil dessen eintreten, was wir beabsichtigen und was Erwin Ringel »Religionsverlust durch religiöse Erziehung« nennt. In diesem Punkt kann uns Paulus immer wieder weiterhelfen. So schreibt er in 1 Kor 8, daß ein Glaubender aus Rücksicht auf den noch Schwachen nichts tun soll, was den Schwachen irritieren könnte, auch wenn es in Glaubensfreiheit geschieht. Er spricht da konkret vom Verzehr des Götzenopferfleisches. Es ist ein Unterschied, ob ein Glauben-

der dieses Fleisch ißt oder ein Ungläubiger. Die innere Haltung ist maßgebend. Diesen Unterschied vermag jedoch der Schwache nicht zu sehen, so daß er am Glaubenden irre wird. »So geht dann der Schwache an deiner Erkenntnis zugrunde, der Bruder, um dessentwillen Christus gestorben ist. Wenn ihr euch in dieser Weise an den Mitmenschen versündigt und ihrem schwachen Gewissen einen Schlag versetzt, so frevelt ihr gegen Christus« (8, 11 + 12).
In den Pantoffeln anderer gehen macht offener und verständnisvoller. Diese Offenheit ist für ein gesundes geistliches Leben wichtig, wenn Maß und Wahl richtig getroffen sind.

Maßvoll weltoffen bleiben

Ein Kommilitone, der im Priesterseminar eine Zeitlang neben mir wohnte, fiel uns durch seine einsiedlerische Zurückgezogenheit auf. Viele unserer gemeinsamen Freizeitgestaltungen, darunter auch der gelegentliche Besuch einer Studentenkneipe, machte er nicht mit. Dabei war er keineswegs ein scheues Reh oder ein neurotischer Eigenbrötler. Er begründete seine Weigerung damit, daß sich ein solches weltliches Vergnügen für einen künftigen Priester nicht gezieme. So blieb er für uns immer ein unnahbarer, über dem Boden schwebender Mitbruder, von dem wir nicht wußten, ob wir ihn bewundern oder bedauern sollten. Er ist heute Pfarrer mehrer Landgemeinden und – wen wundert's – mit den Leuten nie recht warm geworden.
Heute weiß ich, daß solche Menschen unter versteckten Ängsten leiden: Angst vor Ablehnung, vor unbeholfenen Reaktionen, vor Fehlern . . .
Eine alleinstehende, von ihren Verwandten im Stich gelassene Dame mußte das von den Eltern geerbte Haus renovieren. Weil sie nicht viel Geld hatte und zu Depressionen neigte, kam sie vorn und hinten nicht zurecht. Erste zaghafte Kontakte mit Teilnehmern einer Gebetsgruppe aus ihrer Nachbargemeinde entstanden. So faßte sie eines Tages

Mut und bat eine Bekannte aus dieser Gruppe, am Abend doch einmal hereinzuschauen. Jene Bekannte wollte sich gerade entschuldigen, da sie am selben Abend zu ihrem wöchentlichen Gebetstreff gehen wollte. Im letzten Augenblick besann sie sich und sagte zu. Der Besuch bei jener einsamen Dame war ihr doch wichtiger als der Gebetsabend, denn Gottesdienst ist auch Dienst am Nächsten. Hätte sie das Gebetstreffen dem Besuch vorgezogen, so wäre sie an der Dame schuldig geworden.

Weltoffenheit meint nicht Anpassung in jedem Fall. Man muß keineswegs alles mitgemacht haben. Wie weit einer gehen darf, muß er mit seinem Gewissen selber ausmachen. Jesus war den Dingen dieser Welt gegenüber nicht verschlossen: Sein Weinwunder bei der Hochzeit zu Kana, seine ungezählten Festmahlzeiten mit Freunden und öffentlichen Sündern lassen das erkennen. Bei aller Freiheit ist darauf zu achten, daß wir zwar von Gott in diese Welt gesandt wurden, nicht aber ihr gleich werden sollen (Röm 12, 2). Wir sollen uns »von der Welt unbefleckt halten« (Jak 1, 27).

Als Psychologiestudent bin ich in Salzburg auf vielen Parties gewesen, habe sämtliche Diskos abgelaufen, lernte dabei eine Menge Leute kennen. Ich war kein Unbekannter, gelang es mir doch, mit meinen Fähigkeiten als Illusionskünstler und Schauspieler so manche High-Society-Tür zu öffnen und gesellschaftliche Stimmungstiefs in wenigen Minuten aufzulösen. Ich war wer. Aber wer?

Das weltliche Spektakel war unverhältnismäßig größer als meine geistlichen Fortschritte. Und lautstarker Applaus war mir entschieden sympathischer als das geheimnisvolle und angstmachende Schweigen Gottes. Bis dann, wie gesagt, der Groschen fiel: »Ich habe dich bei deinem Namen gerufen. Du bist mein«, lautete der unüberhörbare Ruf Gottes an einem Sonntagmorgen in einer Messe, die ich – ich weiß nicht wieso – besuchte. Ängste überfielen mich: Wenn ich jetzt wirklich ernst mache mit der Auslieferung an Gott, dann ist Schluß mit all den weltlichen Vergnügungen, dachte ich. Und ich lief aus der Kirche. Im Auto flüchtete ich nach Hause, stellte das Radio an und traute meinen Ohren nicht: »Ich habe dich bei deinem Namen gerufen, du bist mein«, wiederholte gerade der Lektor den Text aus dem Buch Jesaja (43, 1). Ich begann zu schwitzen. Es lag klar auf der Hand: Ich war gemeint! Wieso gerade ich? Warum ausgerechnet jetzt?

Das war der Anfang der Wende. Und keine meiner Befürchtungen wurde Wirklichkeit.

Weltentsagung und Weltoffenheit sind keine sich ausschließenden Begriffe. Seit ich mein Leben Gott übergeben habe, ist die Rangfolge klarer geworden: Zuerst Gottes Reich suchen, alles andere stellt sich dann von selber ein. Ich brauche nicht zu erläutern, daß Weltoffenheit niemals heißen kann: sich allen Vergnügungen zu widmen, weil Gott »das Leben in Fülle« gebracht hat. Es gibt die richtige Auswahl und das richtige Maß. Beide sind der Tugend der Gerechtigkeit oder der Klugheit unterstellt. Ein kluger und gerechter Mensch handelt weder maß- noch wahllos. »Denn es ist ja die Gnade Gottes erschienen als Heil für alle Menschen. Sie leitet uns an, von der Gottlosigkeit und den weltlichen Lüsten uns loszusagen, besonnen, gerecht und fromm in dieser Zeit zu leben« (Tit 2, 11 + 12).

Weltoffen sein heißt: Sich suchenden, verirrten oder weglaufenden Menschen zuwenden; heißt: die Zuneigung über die Erfüllung eines Gesetzes stellen; denn nur der Dienst in Liebe rechtfertigt die Nichtbeachtung einer Regel, die ansonsten ihre Berechtigung hat. Hierin kann so mancher »Ungläubige« dem verbissen kämpfenden Gläubigen Vorbild sein.

Werde ich zu einer Geburtstagsfeier eingeladen, die mitten in »meine« Fastenzeit fällt, so gehe ich natürlich hin und verzichte für diesen Tag auf das Fasten. Das Brechen der Fastenregel ist hier ein Akt brüderlicher Solidarität und geschieht aus Liebe oder aus Demut: Ich möchte den anderen weder beschämen noch blenden noch vor den Kopf stoßen.

Vorsicht aber vor Manipulationsversuchen: »Einmal ist

keinmal« – »Das mußt du nicht so eng sehen. Alle machen es doch« – »Sei kein Spielverderber! Mach mit« – »Gott wird schon ein Auge zudrücken. Take it easy« usw. Bei solchen Redensarten werde ich hellhörig. Meine Erfahrung lehrt mich, daß hier meist etwas faul ist. Gewiß, »wir sind alle kleine (oder große) Sünderlein«, aber die Verniedlichung der Sünde hat einen äußerst trivialen Geschmack.

Wenn mich meine Offenheit in Versuchung bringt, ist es Zeit, mich zurückzuziehen. Das Spiel mit dem Feuer hat schon manchem schmerzhafte Verbrennungen gebracht. Ich bin erschrocken über das große Interesse, das man den destruktiven TV-Sendungen »Denver«, »Dallas« und »Eine ehrenwerte Gesellschaft« entgegenbringt. Hier werden sogenannte Familienserien angeboten, in denen Macharten des Bösen frei Haus geliefert werden. Sozusagen als realistisches Spiegelbild des weltweit geübten Umgangs miteinander. Wer sich diese Serien anschaut, muß allmählich den Eindruck gewinnen, daß Intrigen, Lügen, sexuelle Abenteuer, Geldgier zum Alltag gehören. Es ist unvorstellbar, daß sich hier auch nur eine Person vom Geist Gottes lenken lassen würde. Habsucht, Machtgier und Neid werden im Lauf von Monaten über die Seh- und Hörorgane in Herz und Verstand gefiltert. Es überrascht nicht, daß 31% der amerikanischen und 80% der schwedischen Kinder im 10. Lebensjahr der Meinung sind, das Leben werde nur durch Drogen, Mord, Autounfall oder andere gewaltsame Ereignisse beendet. Wer eine jahrelange Infiltration negativer Darstellungen in den Medien schadlos übersteht, muß schon eine stabile Gelassenheit besitzen. (Oder eine tiefe Spiritualität. Aber dann würde er diese Machart sowieso nicht konsumieren!) Die neueste Untersuchung über die Auswirkungen gewalttätiger TV-Filme auf Kinder fand heraus, daß ängstliche Kinder noch ängstlicher, aggressive noch aggressiver, labile noch labiler werden. Mit anderen Worten: Sie verstärken negative Eigenschaften.

Die ungesunde Neugier und Aufgeschlossenheit dem Bösen gegenüber bringt uns zunehmend Probleme. Der Luxemburger Sender RTL hat mit seinen samstäglichen »Unglaublichen Geschichten«, in denen es um okkulte, parapsychische Phänomene geht, Tausende von jungen Leuten auf eine spiritistische Welle gehoben, deren Folgen ich in meiner Praxis zunehmend zu spüren bekomme: Hysterische Reaktionen, Angstpsychosen, dämonische Irritationen, psychosomatische Erkrankungen nach Beschäftigung mit Spiritismus, mediumistische Psychosen und andere Störungen.

Das Böse fasziniert. Und das Geschäft mit der Angst floriert. Unkritische Weltaufgeschlossenheit verdirbt jegliches ethische Empfinden. Die Grenzen von Gut und Böse werden verwischt; Begriffe werden pervertiert; es wird alles durcheinandergeworfen. (Der Begriff Teufel kommt vom griechischen diabolos, das heißt: der Durcheinanderbringer.)

»Wehe der Welt wegen der Ärgernisse . . . und wehe dem Menschen, durch den das Ärgernis kommt!« (Mt 18, 7)

Die gute Meinung üben

Eine heute aus der Mode gekommene, doch psychologisch sehr hilfreiche Übung stellt die sogenannte gute Meinung dar. Ich stelle eine belastende Situation, irgendeine notwendige, vielleicht unumgängliche Handlung, die mir etliche Mühe abverlangt, Gott zur Verfügung, indem ich sage: »Herr, dir zuliebe tue ich es!« Oder: Ich opfere diese Mühe für einen Menschen auf, dem Gott dann auf Grund dieser Zuwendung helfen möge.

Dieses positive Umdeuten einer mühevollen Situation oder eines dauerhaften Leids macht mir das Ertragen leichter. Es bekommt einen sozialen Charakter, darf aber nicht zur selbstzerstörerischen Handlung werden.

Verliebte sind imstande, alles füreinander zu tun, was sie ohne Liebe nicht oder nur schwerlich tun könnten. Ihr Opfer fällt ihnen leicht. Verzicht, Geduld, Ertragen seelischer und körperlicher Schmerzen gelingen problemloser, wenn

sie es aus Liebe tun. Diese Liebe ist es wert, erlitten und erkämpft zu werden.
Die biographischen Niederschriften vieler Heiligen, auch noch lebender Christen wie Mutter Theresa, Schwester Lucia von Fatima, auch Männer wie Karlheinz Böhm vermitteln uns einen Einblick in das stellvertretende Opfer. Persönliche, intime Ängste und Sorgen, körperliche Schmerzen und widrige Umstände opfern sie Gott auf, damit er die sich daraus ergebende Kraft jenen Menschen zukommen lasse, denen sie zugedacht ist. Das ist die gute Meinung.
Ich brauche nicht eigens solche Opfer zu konstruieren, freiwillig zu suchen. Es reicht, wenn ich die Kraft zur Überwindung einer unabwendbaren Mühe Gott zur Verfügung stelle: »Herr, ich tue es den Menschen zuliebe, die jetzt am meisten deine Gnade brauchen; ich höre jetzt dem strapaziösen Gesprächspartner zu, vergebe meinem Mitmenschen, verzichte auf mein Rechthabenwollen . . .« Dann wird eine Mühe selig, ein Opfer müh-selig.
Es ist ein geheimnisvolles Gesetz, daß jede demütige Hingabe an Gott Kräfte freilegt, die Gott mir selber oder einem anderen Menschen zugute kommen läßt. »Sammelt euch nicht Schätze auf Erden, wo Motten und Rost sie zerstören . . ., sammelt euch vielmehr Schätze im Himmel, wo weder Motten noch Rost sie zerstören und wo Diebe nicht einbrechen und stehlen« (Mt 6, 19 f.).
Als ich eines Abends für die Heilung einer selbstmordgefährdeten Patientin betete, läutete das Telefon. Es war gegen 23 Uhr. »Entschuldigen Sie bitte die späte Störung. Aber ich fühle mich gedrängt, Sie anzurufen und Sie zu fragen, ob Sie gerade für mich gebetet haben«, sagte jene Patientin. Sie habe eine Kraft gespürt und sich an das Versprechen meines täglichen Gebetes für sie erinnert.
Solche deutliche Signale sind selten. Sie zeigen aber die Wirksamkeit unserer Gebete. Und ich bin sicher, daß gerade auch Gebete für Verstorbene, besonders für abgetriebene Kinder, sehr wichtig sind, »denn auch den Toten ist das Evangelium verkündet worden« (1 Petr 4, 6).

Der geistliche Mensch tut gut daran, für seine ungeistlichen Mitmenschen zu beten, Opfer zu bringen und die gute Meinung zu üben. Allzuviele Gläubige denken im Gebet nur an sich und ihr eigenes Seelenheil; sie vergessen die Notwendigkeit der Fürbitte gerade für den, der sie beleidigt und verletzt hat. Gewiß: Sie beten in den Gottesdiensten für die Armen, Verfolgten, Hungernden und kriegführenden Völker; gleichzeitig aber sind sie nicht gewillt, einem Familienangehörigen eine alte erlittene Demütigung zu vergeben oder Gott selber zu verzeihen, der dies alles zugelassen hat.

Haben wir einmal an die Möglichkeit gedacht, daß andere für uns beten oder Opfer bringen, weil sie dies als ihre christliche Pflicht betrachten, weil sie uns lieben oder Interesse an uns haben? Wohl kaum. Oder daran, daß wir für irgendeinen Menschen in irgendeiner Beziehung Vorbild sein könnten? Tun wir nicht so bescheiden! Es wäre für unsere geistliche Entwicklung klug, einen solchen Gedanken zu erwägen und uns tatsächlich zu bemühen, Vorbild zu sein. Noblesse oblige: Adel verpflichtet. Wer sich selbst für zu niedrig hält, zu sündhaft, zu uninteressant (auch vor Gott), der läuft Gefahr, sich nicht mehr weiter zu bemühen; er resigniert, wird bequem und vergißt, daß er ein Geschöpf Gottes ist. Auch der größte Sünder hat vor Gott Ansehen; denn Gott liebt ihn.

Es gibt Momente, in denen mir das Arbeiten an einem Buch oder Vortrag sehr schwer fällt. Und ich frage mich, warum ich mir überhaupt diese Arbeit mache; schließlich zwingt mich ja niemand dazu. Erst der Gedanke, daß es wohl auch Gottes Wille ist, und das Ziel, suchenden Menschen einen Weg zu weisen, ermöglichen mir den wöchentlichen Rückzug in die Stille, die ich zum Schreiben brauche. »Herr, ich tue es um jener Menschen willen, denen du das Buch in die Hände geben willst. Ich tue es, damit sie erkennen, daß Christsein sich lohnt, und weil du dieser Weg bist. Ich tue es aus Liebe zu dir. Hilf mir, es in Klugheit und Liebe zu tun!«

Im Grunde kommt die gute Meinung einer stellvertretenden Sühne gleich. Indem ich ein Opfer darbringe, ermögliche ich das verzeihende, heilende Wirken Gottes. Letztlich ist dies nur möglich, weil sich Jesus für uns opferte als Sühne für die Schuld aller Menschen. Dieses Eintreten für andere ist der höchste Liebesbeweis. Und am wirkungsvollsten bleibt immer das Opfer in der Eucharistiefeier, das Jesus selbst darstellt und ewige Gültigkeit hat. Die Messe kann tatsächlich von ungesühnter Schuld und ihren weitreichenden Folgen befreien; sie kann seelische, körperliche, geistliche Heilung bringen; sie kann den Lebenden wie Toten, den Anwesenden wie in der Ferne Weilenden, auch Nichtchristen die langersehnte Rettung bringen. Wenn sie in dieser Meinung vom Priester und allen Gläubigen gefeiert wird, wird Gott die Gebete erhören. Ich bin Zeuge vieler Heilungen geworden, die erst eintraten nach einer bewußten Hinwendung zu Gott in Verbindung mit einer Eucharistiefeier, auch bei jenen, die nichts von dieser Messe wußten.

Ich denke an eine schwer leidende Person, die mit okkulten Praktiken in Berührung kam. Sie selbst hatte jede Hoffnung auf Heilung ihrer schizophrenen Schübe aufgegeben, stellte auch die heilende Kraft der Eucharistiefeier in Frage. Sämtliche Klinikaufenthalte, psychologische und chemische Therapieversuche vermochten nichts auszurichten. Im Verlauf einer eigens für sie gefeierten Messe, von der sie nichts wußte, lieferte sich stellvertretend für sie eine Verwandte Gott aus, wurde allen okkulten Praktiken widersagt und um Heilung vergangener wie gegenwärtiger Verletzungen gebetet. Einige Tage später stellten sich deutliche Anzeichen einer Besserung ein. Ein halbes Jahr darauf war die Patientin völlig gesund und ist bis zur Stunde ohne jeden Rückfall gesund geblieben. Über den direkten kausalen Zusammenhang von Eucharistiefeier, Fürbitte, stellvertretende Sühne und Heilung berichtet der gläubige anglikanische Arzt Kenneth McAll in seinem sehr aufschlußreichen Buch »Familienschuld und Heilung«, das man zur Pflichtlektüre für jeden Seelsorger machen sollte.

NORMALE BEGLEITERSCHEINUNGEN GEISTLICHEN LEBENS

Die Bemühungen um ein aktives christliches Leben sind selbstverständlich nicht frei von Rückschlägen und Seitenhieben. Der geistlich lebende Mensch spürt mehr als andere seine Unvollkommenheit, seine Not und seine persönlichen Grenzen. Eigenartigerweise leidet gerade er sehr oft an dem Gefühl, ganz und gar nicht vorwärtszukommen. Dieses subjektive Empfinden der Ohnmacht und Unwürdigkeit macht ihm sehr zu schaffen; hier liegt mitunter eine Ursache für die Resignation und das Aufgeben jeglicher weiterer Bemühungen, Gott näherzukommen. Es ist zu vermuten, daß Gott die Sünde und dieses Gefühl der Schwäche zuläßt, damit kein Hochmut entsteht über die erreichten Erfolge. »In deiner Schwachheit erweise ich mich stark«, sagte er zu Paulus, der dreimal vergeblich um Heilung bat (2 Kor 12, 9). Tatsächlich haben Heilige oft den Eindruck, sehr unheilig zu sein, was ihren Kampf um Heiligkeit noch verstärkt. Vorsicht: Nicht jeder, der meint, unheilig zu sein, ist demzufolge heilig!

Es gibt im Alltag eines jeden Christen deprimierende Momente. Auf keinen Fall sollten sie Anlaß sein zum Weglaufen. Standhalten, nicht flüchten! Solche Momente möchte ich im folgenden analysieren.

Es handelt sich um jene Stimmung, die man auch mit religiöser Leere oder Gottferne bezeichnen kann. Sie kann ganz klare Ursachen haben, zum Beispiel eine nicht zugegebene und bereute Schuld oder eine Vernachlässigung geistlicher Übungen (Bibellektüre, Gebet, Sakramentenempfang), also eine allgemeine geistliche Unterernährung. Dieser Gefahr sind besonders die Amtsgeistlichen ausgesetzt, wenn sie nur noch aus beruflichen Gründen in die Bibel schauen (etwa zur Predigtvorbereitung), kaum Zeit für die Stille haben, eben funktional arbeiten. Andererseits können Überanstrengung und Übertreibung des Guten jegliches Interesse an Gott lähmen. Es handelt sich dann um eine Überfütterung.
Schließlich gibt es auch jene Fälle, in denen weder Unterernährung noch Überfütterung vorliegt, sondern ganz einfach ein unverschuldetes Erleiden der vermeintlichen Gottferne. Im Unterschied zu denen, die auf Grund ihres ungeistlichen beziehungsweise geistlosen Lebenswandels keine Nähe Gottes verspüren (und darunter auch nicht sonderlich leiden), empfinden gerade jene den unendlichen Abstand zu Gott als schmerzhaft, die ihm sehr nahe stehen. Es ist manchmal das Paradoxon des Heiligen, das dem Unheiligen als Beweis für die mangelnde Attraktivität des Glaubens dient. Wer betet, aber nichts spürt, weder Trost noch »gemütliche Frömmigkeit«, weder Freude noch ein Geführtwerden, steckt mitten in der geistlichen Durststrecke. Er ist vergleichbar mit dem Kind, das plötzlich vom Vater losgelassen wird, damit es einmal übt, allein und selbständig zu gehen. Nun bekommt es Angst, wird unsicher, fällt hin und weint. Doch der Vater ist stets da; sein Loslassen ist nur körperlicher Art, nicht aber geistiger oder optischer Art.
So eine geistliche Wüstenwanderung kann sehr lange dauern. Es ist die Zeit, in der unser Vertrauen auf Gott und unsere Geduld erprobt werden. Ignatius von Loyola empfiehlt für solche Zeiten, auf keinen Fall eine Kursänderung vorzu-

nehmen, sondern beständig in dem Vorsatz zu bleiben, den man vor Antreten der Wüstenstrecke gefaßt hat.
Die Wüstenerfahrung geht einher mit dem Gefühl, alles falsch gemacht zu haben, von »allen guten Geistern« verlassen zu sein, alle Anstrengungen vergebens unternommen zu haben. Sie ist die härteste Bewährungsprobe unseres Glaubens; denn jetzt bleibt nichts übrig als das blinde Vertrauen auf Gott. Davon wissen die großen Heiligen Therese von Lisieux, Teresa von Avila, Franz von Assisi, Thomas Morus, Elisabeth von Thüringen ein Lied zu singen.
Wer sich in dieser Phase befindet, kann schwerlich die geistliche Hochstimmung seiner Mitmenschen verstehen. Deren überschwengliches Jubilieren und die Berichte ihrer Gotteserfahrungen vermitteln ihm eher das Gefühl, selber von Gott vergessen worden zu sein. Warum habe ich keine solchen Gotteserfahrungen? Bin ich ein so unwürdiger Sünder? Oder lügt der andere? Verwirrung entsteht, Enttäuschung, Trauer, manchmal Wut. Hier kann uns Hiob ein Beispiel sein: Wir müssen unsere Gefühle zulassen, sie im Gebet vor Gott ausdrücken und ihm so mitteilen, daß wir auch im Zorn an ihm interessiert sind.
Gefährlich wird es erst, wenn wir Gott strafen wollen für die schmerzliche Erfahrung seiner scheinbaren Abwesenheit. Haben wir ihm vorzuschreiben, wie er mit uns zu verfahren hat? Es ist die Stunde der Versuchung, in der Satan an uns herantritt, um uns vom rechten Weg abzubringen. Jetzt wird es Zeit, sich der geistlichen Führung eines erfahrenen Christen anzuvertrauen, die Gemeinschaft gläubiger Freunde aufzusuchen, im Gebet füreinander zu bitten, ein ermutigendes Buch zu lesen.
»Mein Gott, mein Gott, warum hast du mich verlassen?« war auch der Schrei Jesu am Kreuz. Dieser Ruf war nicht allein ein Ruf der Verzweiflung. Er war der Anfang des Psalms 22, der im Lobpreis Gottes endet, im völligen Sichausliefern an den barmherzigen Vater.
Rudolf Otto Wiemer drückt es in seinem Gedichtband »Ernstfall« so aus:

Keins seiner Worte
glaubte ich, hätte er nicht
geschrien: Gott, warum
hast du mich verlassen.

Das ist mein Wort, das Wort
des untersten Menschen.

Und weil er selber
so weit unten war, ein
Mensch, der »Warum« schreit und
schreit »Verlassen«, deshalb könnte man
auch die andern Worte,
die von weiter oben,
vielleicht
ihm glauben.

»Die Mitte der Nacht ist der Anfang des Tages« lautet der Titel eines Buches von Jörg Zink. In der Tat: Wo Nacht ist, kommt bald der Tag; wo Tal ist, muß auch eine Höhe sein; wo Wüste sich ausbreitet, finden sich bald Oasen. Gott führt uns durch die Wüste. Und wenn wir wegen unseres störrischen Benehmens Gefahr laufen, die Oasen zu verpassen, muß er hie und da den Kameltreiber spielen. Zu unserem Heil.

Geistliche Trockenheit gehört zum Leben des geistlichen Menschen: Sie bedingt den christlichen Glauben und schafft die Voraussetzungen für den Beweis der Gottestreue. Wer die Ursache für seine geistliche Trockenheit seiner christlichen Gemeinschaft zuschreibt, der er angehört, läuft Gefahr, sich von ihr abzuwenden und neue, enthusiastische Gruppen aufzusuchen in der fatalen Hoffnung, von ihnen geistlich gefüttert und emotional aufgebaut zu werden. Zur geistlichen Reife gehört auch wesentlich die Treue zu seiner Kirche und das Mitleiden in ihr, an ihr, mit ihr.

So mancher wirft der Kirche vor, sie sei zu langweilig, zu nüchtern, zu wenig geistlich. Das mag vielerorts stimmen. Aber er ist ja auch ein Stück Kirche. Und ich frage ihn dann,

was er selbst zu einem lebendigeren geistlichen Leben beigetragen hat. Wer nur nimmt, verliert rasch das Wenige, was er noch hat. Die Treue zur geistlichen Heimat ist ein Beweis seelischer Mündigkeit.
Wer einmal Gottes Nähe erfahren hat, leidet unter seiner vermeintlichen Ferne. Seine Sehnsucht nach ihm ist ein Ausdruck des Heiligen Geistes. Erst die Gleichgültigkeit setzt dem geistlichen Kampf ein Ende. Daher: Frage nie nach dem Erlebnis Gottes, sondern stets nach seiner Ehre! Bete, auch wenn das Herz stumm ist, auch wenn du keine Lust dazu hast; denn Beten ist nicht eine Angelegenheit der augenblicklichen Stimmung, sondern eine willentliche Entscheidung. Du hörst Gott vielleicht nicht. Aber er hört dich.

Gedankenabschweifungen beim Gebet

Immer wieder höre ich Klagen über mangelnde Konzentration beim Gebet. Es sind vor allem ältere Menschen, die sich dabei ertappen, daß sie mitten im Beten oder in der Lektüre der Bibel an andere, höchst weltliche Dinge denken. Darüber erschrocken, beginnen sie nun das Gebet noch einmal. Das geht so lange, bis sie aufgeben und, von Schuldgefühlen aufgewühlt, Ängste entwickeln: Habe ich unwürdig oder ungültig gebetet? Bin ich jetzt vergebens im Gottesdienst gewesen? Habe ich umsonst und schuldhaft das Abendmahl empfangen? Manche neigen zu zwanghaften Wiederholungen ihrer frommen Handlungen, sobald sie sich kleinster Zerstreuungen bewußt werden. So wird ihnen jede Mühe um ein konzentriertes Beten zur Qual, jeder Gang zur Kommunionbank zur Folter. Und je mehr sie dagegen ankämpfen, desto hartnäckiger werden die Ablenkungen. Schließlich können sie so dominant werden, daß vom eigentlichen Gebet kaum noch etwas übrig bleibt.
Natürlich liegt keine Schuld, auch keine Ungültigkeit vor, wenn geistliche Akte von gedanklichen Abschweifungen durchlöchert werden. Gott sieht in unser Herz und weiß besser als wir um die Not und Absicht. Wer unter dem Zwang

beharrender Gedanken oder Antriebe leidet, sollte keineswegs dagegen ankämpfen. Er konzentriert sich sonst zu sehr auf diese Nebensächlichkeiten und zieht dadurch gerade das zu Vermeidende an. Er sollte weiterbeten. Wie oft werden wir auf unserem Weg von Störungen begleitet, die am Wegrand liegen. Lassen wir sie einfach liegen. Schenken wir ihnen nicht zuviel Aufmerksamkeit!

Kurze Gebete sind in solchen Momenten besser als lange. Manchmal sind Übermüdung, Übertreibung, erregte Phantasie, vorangegangene Auseinandersetzungen, ungeklärte Zwistigkeiten und tiefliegende Ängste schuld an den Zerstreuungen. Oder die Erwartungsangst (»Hoffentlich gelingt mir das Beten diesmal besser!«) blockiert. Auf jeden Fall lohnt es sich nicht, die Energie ständig *gegen* etwas zu richten, *gegen* die Ablenkungen, *gegen* die negativen Gedanken, sondern wir sollen sie einsetzen *für* das Gebet, *für* die Ehre Gottes, *für* das Dasein vor Gott.

Es ist aber denkbar, daß eine bislang unerkannte Schuld solche gedanklichen Zwänge verursacht. Dann muß diese Schuld bewußt gemacht und bereut werden ohne Kompromisse. (Ein geheilter Drogenabhängiger muß kompromißlos jegliche Verbindung mit Leuten aus der Szene abbrechen, den Ort wechseln. Ein geheilter Homosexueller muß unbedingt alte Kontakte abbrechen, die einschlägigen Lokale meiden. Ein zum Ehepartner zurückgekehrter Mensch darf während der nächsten Jahre keinerlei Kontakt mehr zum außerehelichen Partner haben.)

Vielfach müssen Herz und Hirn erst einmal frei werden vom Wust des Alltags, von den unzähligen flüchtigen Eindrükken, bevor wir zu beten, zu meditieren oder zu lesen beginnen. Leer werden! Das erfordert zu erlauben, daß Störungen bewußt werden. Es reicht, diese Minuten des Loslassens und Leerwerdens Gott zu schenken. Beten heißt auch: ihm Zeit schenken.

Es gibt gewiß Tage, an denen das Beten nicht gelingen will, obgleich keine der oben genannten Ursachen zu erkennen ist. Es kommt erst gar nicht zur notwendigen Stille, weil Ge-

schäftigkeit, Termine, Unruhe und andere sehr plausible Gründe daran hindern. So verpassen wir die sonst gewohnten festen Gebetszeiten, haben hundert ehrliche Ausreden und belügen uns doch. Da gibt es nur eins: Trotz der Arbeit sich ein paar Minuten stehlen und zum Gebet zurückziehen. Nichts läuft uns weg, höchstens wir selber.
Noch eine bemerkenswerte Erfahrung möchte ich mitteilen: Diejenigen, die sich gerade frisch Gott geöffnet haben, die sich also neu und ganz bewußt auf ihn einlassen, stellen mitunter fest, daß sich plötzlich ihre Fehler zu verstärken scheinen. Statt von ihnen wegzukommen und geistliche Fortschritte zu machen, geraten sie jetzt tiefer hinein. Dies sind meistens Täuschungen, wahrscheinlich diabolischer Machart. Die List des Satans gaukelt ihnen vor, der neue Weg sei nicht begehbar: »Laß das fromme Getue! Du schaffst es sowieso nicht; du machst dich nur unglücklich!« Auch hier gilt das Trotzen. Eine gesunde Ignoranz dem Bösen gegenüber wendet die Not.
Andererseits kann es sich tatsächlich um einen verhinderten Fortschritt handeln. Dies ist aber in der Regel zeitlich begrenzt. Es handelt sich hierbei um die zunehmende Sensibilität auf dem geistlichen Gebiet: Wer sich in die Nähe Gottes bewegt, erkennt deutlicher als sonst sein Fehlverhalten. Die Wunde eitert stärker. Kleine, bislang unbewußt praktizierte Lieblosigkeiten werden jetzt bewußt und schärfen das Moralbewußtsein. »Gottesfurcht ist der Anfang der Erkenntnis« (Spr 1, 7).

Ablehnungen durch die Mitmenschen

Ein Schüler erinnerte eines Tages daran, wie Buddha, Jesus und Mohammed als Rebellen und Ketzer von ihren Zeitgenossen gebrandmarkt wurden.
Sagte der Meister: »Keiner kann behaupten, den Gipfel der Wahrheit erreicht zu haben, solange er nicht von tausend lauteren Menschen der Gotteslästerung angeklagt worden ist!«

Wie wahr. Wer sich bemüht, nach Gottes Willen zu leben, darf sich nicht der Illusion hingeben, von nun an sei sein Leben von Harmonie und Applaus begleitet. Daß er mit Ablehnung seitens seiner Gegner, seitens der Ungläubigen rechnen muß, ist dabei nicht einmal so überraschend. Es ist vielmehr das Unverständnis seiner eigenen Leute, das ihm entgegenschlägt. Dieses Unverständnis zeigt sich oft in einer dünnen Verpackung von Ironie, von süffisanten Bemerkungen, von mitleidigem Lächeln oder überhöhten moralischen Ansprüchen: Er darf sich jetzt keine Schnitzer mehr leisten, keine Bitte mehr abschlagen, sonst wird es heißen: »Du willst ein Christ sein? Ein schöner Heiliger bist du! In die Kirche rennen, fromm tun, von Vergebung reden, und dann sowas!« Wer für sich in Anspruch nimmt, geistlich leben zu wollen (und das heißt mitunter auch prophetisch auftreten, also mahnen, lehren), muß streckenweise mit Einsamkeit rechnen.
Wie viele christliche Männer und Frauen sind von der eigenen Kirche mißverstanden und verurteilt worden! Jesus wurde nicht von Kriminellen ans Kreuz genagelt, sondern von Frommen.
»Ein Mensch, der nur über seine natürlichen Fähigkeiten verfügt, nimmt nicht auf, was vom Geist Gottes stammt; denn es ist ihm eine Torheit, und er vermag es nicht zu begreifen, weil es geistlich beurteilt werden will« (1 Kor 2, 14). Ein Narr um Christi willen ist jeder, der nicht zurückschlägt, wenn er geschlagen wird (außer bei Notwehr); der immer wieder vergibt, statt Rache zu üben; der auf materiellen Überfluß verzichtet, obgleich er ihn leicht erreichen kann; der sein Recht auf Rechthaben zurückstellt, um zerstörerische Zustände zu verhindern.
Ich habe oft genug erlebt, wie sich Leute über das christliche, doch vielleicht mißglückte Verhalten ihrer Mitmenschen amüsierten und sich dabei recht gescheit vorkamen. »Gott fängt die Klugen im Netz ihrer eigenen Schlauheit« (1 Kor 3, 19), schreibt Paulus. Ich möchte mich dabei nicht ausschließen.

Eines aber muß ich gestehen: Mir scheint, daß die Lacher und Spötter nicht mehr so lautstark vertreten sind. Gerade junge Menschen stehen den christlichen Werten wieder sehr offen gegenüber. Wachsen auf der einen Seite die spiritistischen Zirkel, so nehmen auf der anderen Seite die spirituellen Gemeinschaften ebenfalls zu. Ich bin zuversichtlich, was die Erneuerung der Kirche betrifft. Sie wird sich wohl gesundschrumpfen, aber immerhin gesund.
Als ich noch Gymnasiast war, spürte ich die Ablehnung einiger Lehrer sehr schmerzlich. In der Klasse war ich der einzige Schüler, der im Bischöflichen Konvikt wohnte, was diese Lehrpersonen irrtümlicherweise für einen Ausdruck besonderer Frömmigkeit hielten.
»Pfaffe, an die Karte, zeig den Cotton-Belt!« rief mir der Geographielehrer zu, um mir dann auf Grund meiner Unwissenheit eine »geschnörkelte Sechs« zu verpassen mit dem Kommentar: »Du sollst nicht so viel beten, sondern lernen!«
Eine andere Lehrperson entdeckte im Klassenbuch ein kitschiges Gebetbuchbildchen, hielt es allen zum Gelächter hoch und meinte: »Müller, haben Sie das hier reingelegt?« Worauf ich erwiderte: »Ich bin enttäuscht, daß Sie mir einen so schlechten Geschmack unterstellen!«
Heute erlebe ich einen derart offenen Spott nicht mehr. Aber es kommt immer wieder einmal vor, daß ich Zeuge fein verschlüsselter Kritik werde, die an Menschen mit konservativer religiöser Einstellung gerichtet ist. Konservativ sein bedeutet wörtlich: aufbewahren. Eine Wahrheit bewahren ist eine ethische Forderung. Traditionen für sich in Anspruch nehmen, muß nicht altmodisch sein, ebensowenig wie Progressivität ein Zeichen für Fortschritt sein muß.
Bis vor wenigen Jahren hätte sich jeder, der an die reale Existenz dämonischer Mächte glaubt, lautes Gelächter eingehandelt. Dieses Gelächter ist etwas leiser geworden. Obgleich sich immer noch die Neunmalklugen – darunter mehr Akademiker als Handwerker – darüber mockieren. Welche Ängste müssen manche Menschen ausstehen, daß sie den Glauben an die Gottessohnschaft Jesu und an das spürbare

Wirken des Heiligen Geistes ablehnen! Welche Angst müssen sie haben, daß sie jegliche Existenz dämonischer Mächte leugnen! Und weil wir hierzulande eine große Angst davor haben, als zu fromm gelten zu können, wenn wir unseren Glauben offen bekennen und verteidigen, geben sich viele sehr unfromm, ja geradezu unchristlich. Wir haben wohl mehr Scheinböse als Scheinheilige. »Selig seid ihr, wenn sie euch schmähen und verfolgen und euch alles Lügnerische nachsagen um meinetwillen. Freut euch, denn euer Lohn ist groß im Himmel!« (Mt 5, 11) Natürlich setze ich hier eine vernünftige, geistlich ausgewogene und biblisch vertretbare Glaubenspraxis voraus. Ich meine nicht eine fundamentalistisch überzogene, weltverachtende und fanatische Spiritualität, die jeden ehrlichen Gottsucher in die Flucht schlägt – oder in eine verhängnisvolle Ideologie. Mit derartigen Irrlehren ging schon Jesus und Paulus scharf ins Gericht.
In einer katholischen Familie, die ihren Glauben jedoch praktisch nicht lebt, entschließt sich plötzlich der älteste, 18jährige Sohn, an einem religiösen Wochenende teilzunehmen. Das Seminar beeindruckt ihn derart, daß er von da an regelmäßig zu den wöchentlichen Gebetstreffen in die Nachbargemeinde geht. Im Laufe der Zeit nimmt er weitere Jugendliche mit. Seine Geschwister und seine Eltern halten sein Gehabe für übertrieben und sektiererisch. Es gibt Streit. Ein Gespräch mit seiner Familie, das ich auf Bitten des Jungen hin führe, bringt nur eine vorübergehende Besserung. Jetzt ist ein Jahr vergangen, und immer noch steht er allein mit seinen Bemühungen um ein echtes christliches Leben. Wir beten gemeinsam für seine Familie um den Geist des Glaubens, der Erkenntnis und Liebe. »Und ihr werdet um meines Namens willen von allen gehaßt werden ...« (Mk 13, 13)
Wer seinen Glauben recht mäßig lebt, braucht keine Angst vor Ablehnung zu haben. Wer ihn rechtmäßig und konsequent lebt, muß jedoch mit dem Schwert Jesu rechnen, das mitten durch die Freunde, durch die Familie, durch die Gemeinde geht.

Charakterschwächen schlummern weiter

Es wäre ein Irrtum zu glauben, das Einhalten aller christlichen Gebote, ein aktives geistliches Leben und der Prozeß der Selbstheiligung würden eines Tages zur Überwindung aller Laster und eingeschliffenen Fehlverhaltensweisen führen. Aus eigenem Bemühen schon ganz und gar nicht. Und auch die Gnade Gottes läßt aus unbekannten Gründen Reste unserer Unvollkommenheit, sogenannte Strukturschwächen, bestehen. Dies ist wohl wichtig zur Aufrechterhaltung unserer geistlichen Bemühungen. Die Erdenzeit läßt niemanden »fertig« werden.

Manchmal sind wir enttäuscht über einen Charakterfehler, den wir bei einem heilig geglaubten Menschen entdecken. Und ein anderes Mal sind wir erleichtert, daß ein vollkommen erscheinender Mensch doch noch Fehler macht. Wie tröstlich für uns selbst! Und wieder ein anderes Mal suchen wir geradezu nach Fehlern, um unser eigenes schlechtes Gewissen zu beruhigen. So steht es denn von Beginn der Zeit fest: Die Kirche mit ihren geistlich kämpfenden Menschen darf Fehler machen. »Die Pforten der Hölle werden sie nicht überwältigen.«

Schauen wir uns Petrus an. Dieser geisterfüllte Mann behielt zeit seines Lebens eine gewisse Portion Angst und Feigheit. Einerseits scheute er sich nicht, mutig für seinen Glauben einzutreten, andererseits gab er aus Angst vor den Judenchristen in Antiochien die Tischgemeinschaft mit den Heidenchristen auf (vgl. Gal 2, 11).

Seine Strukturschwäche »Angst« schlummerte auch nach der pfingstlichen Geisttaufe in ihm weiter.

Oder Olli. Olli war einst ein gefürchteter Schlägertyp aus der Frankfurter Rockerszene. Nach seiner Bekehrung im Gefängnis, die einen jahrelangen geistlichen Kampf nach sich zog, ist er jetzt in der christlichen Jugendarbeit tätig und nimmt an Evangelisationen teil. In Schulen, auf öffentlichen Plätzen und in Rockkonzerten spricht er von seiner Verwandlung. Und immer noch juckt es ihn manchmal: Wenn er angegriffen und verspottet wird, möchte er am liebsten zuschlagen und kurzen Prozeß machen. Mit seinen harten Fäusten hat er jahrelang erfolgreich als Boß einer Schlägerbande aufgeräumt und sich Respekt verschafft. Nun aber muß er jenen »faustischen« Drang bremsen und Zurückhaltung üben.

Oder Helmut. Er ist Alkoholiker und seit Jahren trocken. Er weiß aber, daß er niemals mehr auch nur einen Tropfen Alkohol zu sich nehmen darf. Die Ärzte sprechen bei ihm von einer angeborenen Krankheit. Sein Glaube an die Macht des Heiligen Geistes hat ihn bis zur Stunde vor diesem gefährlichen Schluck bewahrt, obgleich er hie und da den Drang nach einem Glas Bier immer noch verspürt.

In dem Buch »Fatima aktuell« macht Georg Scharf auf Seite 179 eine Bemerkung zum Charakter Jacintas, einem der drei Seherkinder bei den Marienerscheinungen in Fatima: »Die große Charakterschwäche Jacintas war ihr schnell beleidigtes, schmollendes Wesen. In einem einzigen Gnadenakt hat der Herr diese ihre Schwäche ebenfalls gebrochen, aber ebenfalls nicht völlig beseitigt. Jacinta wurde öfters von Erwachsenen und Kindern ›Betschwester‹ gescholten, was sie jedesmal tief getroffen haben muß; denn sie schaute dann den Betreffenden ernst an und entfernte sich wortlos. Hier zeigt sich ihre reife Selbstbeherrschung. Zugleich spüren wir, wie Jacinta gegen die letzten Reste ihres empfindlichen Wesens zu kämpfen hatte. Restlos ist sie vielleicht nie damit fertig geworden, was sie nach Ansicht Lucias einige Sympathien bei anderen Kindern kostete. Überwundene Charakterschwächen schlummern in der Seele weiter. Keiner darf sich einbilden, sie seien ausgemerzt, seien tot. Sie sterben nie, solange wir leben. Wenn wir nicht wachsam sind, erwachen sie. Und wenn wir im Eifer nachlassen oder überheblich werden, brechen sie schließlich wieder mit jäher Gewalt durch, und die letzten Dinge werden ärger sein als die ersten.«

Wer sich einmal bekehrt hat, ist also nicht vor geistlichen Kämpfen oder Rückfällen gefeit. Er muß ständig üben. Wer

sich dann aber ein zweites Mal von Gott abwendet, ist in einer schlimmen Lage: »Wenn nämlich sie, die durch die Erkenntnis unseres Herrn Jesus Christus den Befleckungen der Welt entronnen waren, sich wiederum davon umstrikken lassen und ihnen unterliegen, dann sind die letzten Dinge bei ihnen schlimmer als die ersten« (2 Petr 2, 20).
Damit sind nicht die Rückfälle gemeint, die einer haben kann, nachdem er sich bewußt Gott zugewandt hat und nun im geistlichen Kampf eine Niederlage erleidet. Er hat sich ja für Gott entschieden und bleibt dabei, auch in seinen Rückschlägen.
In meiner Praxis habe ich es auch mit aufrichtigen Ordensleuten zu tun, die unter ihrer Strukturschwäche leiden. Das kann sein: ein Hang zur Rechthaberei, Eifersucht, Eitelkeit, Angst, Jähzorn, Bequemlichkeit, rasches Beleidigtsein und anderes. Wir alle sollten unsere Schatten gut kennen und nicht resignieren, wenn wir wieder einmal von ihnen eingeholt worden sind. Das Wissen um ihre Existenz bewahrt vor geistlichem Hochmut und vor Glaubensdünkel.
Mein eigener Schwachpunkt ist die Ungeduld. Kommt jemand regelmäßig zu spät, ist einer unzuverlässig, redet jemand in Konferenzen quälend umständlich und langatmig, so muß ich meinen Ärger sehr beherrschen. Wer mir die Zeit stiehlt, verletzt mich an meiner verwundbarsten Stelle.
Ich weiß also, wo ich aufpassen muß. Einmal im Jahr lasse ich mich von meinen Schülern kritisieren. Auf diese Weise erfahre ich meine Schwachseiten (oder wie ich beim Schüler »ankomme«). Solche Kritik-Übungen empfehle ich jedem, der einmal erfahren möchte, inwieweit sich sein Selbstbild mit dem Fremdbild deckt.
Das Wichtigste aber ist dabei nicht, was die anderen von uns denken könnten, sondern was Gott von uns denkt, der unsere inneren, lautlosen Kämpfe kennt und die vielen mißglückten, ehrlichen Bemühungen im Kampf gegen die verbliebenen Charakterschwächen.

Ausbleibende Gebetserhörungen

Eine 16jährige Schülerin antwortete auf meine Frage, was sie einem enttäuschten Menschen sagen würde, der trotz eifrigen Betens nicht erhört wurde: »Ich würde ihm sagen, er solle trotzdem weiterbeten und auf Gott vertrauen. Meistens geschehen die Dinge anders, besser als man es für sich selbst erhofft.« Eine erstaunliche Erkenntnis für ein Mädchen dieses Alters!

Tatsächlich entwickeln sich die Ereignisse oft zu unseren Gunsten, auch wenn sie zunächst gegen uns gerichtet scheinen. Ich bin Gott dankbar, daß er nicht jeden Wunsch erfüllt hat, den ich ihm vorgetragen habe. Es wäre mit Sicherheit ein Chaos geworden.

Sicher sind die ausbleibenden Heilungen besonders schmerzlich. Enttäuschung und Groll auf Gott haben ihre Berechtigung, solange sie nicht von Gott wegführen. Hiob hielt hadernd 40 Jahre lang an Gott fest und wurde dann erst für seine Treue reichlich belohnt. Gott weiß besser, was für unsere geistliche Entwicklung gut ist. Wenn ich das aus dieser Sicht betrachte, ermögliche ich mir selber ein Wachsen im Glauben, ein Warten auf neue Überraschungen.

Eine schlimme Behauptung, die ich aus dem Mund mancher Fundamentalisten höre, lautet: Wer erfolglos betet, glaubt nicht genügend! So eine Aussage zeugt von wenig christlicher Nächstenliebe und übersieht die ganz andere Möglichkeit, die sich in einer ausbleibenden Erhörung verbergen kann. Da ist zum Beispiel die Frage, ob der Zeitpunkt schon gekommen ist für diese spezielle Gebetserfüllung. Zu Beginn des Buches wies ich auf die »Stunde« hin, die alles im Plan Gottes hat. Im übrigen verändert Beten nicht Gott, sondern den Beter. Wie oft erkennen wir erst nach vielen Jahren im Rückblick unseres Lebens die positive Bedeutung so mancher »erfolglosen« Gebete. Der Erfolg lag auf einer ganz anderen Ebene. Ich bin Gott auch dankbar für die Umwege, die ich bislang gehen mußte, obgleich sie mich zum damaligen Zeitpunkt geärgert haben.

Selbst ein so glaubensstarker Mann wie Paulus wurde trotz Betens nicht geheilt. Wie will ein Mensch, der die Bibel verengt fundamentalistisch sieht, diese Tatsache erklären? Hier Mangel an Glauben – dort der Wille Gottes? Nein, so geht es nicht. Ich kann einem verzweifelten, enttäuschten Menschen nicht seine Zweifel zum Vorwurf machen. Immerhin heilte Jesus einen epileptischen Jungen trotz der Zweifel seines bittenden Vaters: »Ich glaube, hilf meinem Unglauben!« (Mk 9, 24)

Gott bleibt unseren Zugriffen entzogen. Er ist nicht berechenbar. Wir sind ein Leben lang aufgefordert, Vertrauen zu üben und das Paradoxe des Christentums zu erleiden.

Eine andere, durchaus erklärbare Ursache fehlender Erhörungen kann die mangelnde Versöhnungsbereitschaft sein. In meinem Buch »Gott heilt auch dich« habe ich ausführlich auf die Vergebung als Voraussetzung zur Heilung hingewiesen. »Im Groll wagt der Mensch sich vor Gott zu stellen und ihn um Heilung zu bitten. Fürwahr, er bekommt sie nicht!« (Sir 28, 3)

Daher tun wir gut daran, Vergebung zu üben. Das ist nicht immer sofort und ehrlichen Herzens möglich, vor allem, wenn die erlittenen Verletzungen tief liegen. Aber ich kann Gott bitten, vorauszueilen: »Vater, ich bitte dich, vergib du ihm, was er mir angetan hat. Ich kann es noch nicht; zu tief sind die Wunden noch, zu frisch und schmerzlich. Ich komme später nach; laß mir noch etwas Zeit . . .«

Schauen wir einmal zurück auf unser bisheriges Leben. Wie ist es gelaufen, wenn es von Gottvertrauen getragen wurde? Wie verliefen die Tage oder Jahre ohne dieses Vertrauen? Wir stellen vielleicht fest, daß Ungeduld und Angst manches unnötig erschwert haben. Ist dann alles ausgestanden, so ärgern wir uns über unseren Ärger und fragen uns zum -zigsten Mal: Weshalb hast du dich so gesorgt? Wie oft mußt du denn noch die Erfahrung machen, daß sich im Endeffekt alles zum Besten entwickelt, wenn du Gott vertraust?

Ich möchte noch auf eine vielpraktizierte Unart hinweisen, auf eine gutgemeinte, doch überzogene Eigenart mancher

Beter: Es ist die »do-ut-des-Haltung«, die meint: Wenn ich dir, lieber Gott, etwas verspreche, dann wirst du mir schon geben, um was ich dich bitte. Und so machen sie die tollsten, gewagtesten Versprechen, legen außerordentliche Gelübde ab, damit Gott ihnen entgegenkommen soll. Do ut des = ich gebe, damit du gibst. So mancher hat sich damit Schuldgefühle und Ängste eingehandelt, weil er sein Versprechen nicht eingehalten hat, ja oft genug nicht einhalten konnte. Und nicht selten folgen dann neuerliche, noch größere Versprechen, die das unerfüllte, vorangegangene wettmachen sollen. Der Kreislauf schließt sich.

Gott will keine Versprechungen, keine besonderen Leistungen. Zunächst will er nur unser Vertrauen. Gelübde haben ihren berechtigten Platz; man muß sparsam und wohlüberlegt mit ihnen umgehen. Als gängiges Mittel zum frommen Zweck dürfen sie nicht mißbraucht werden.

Da kam ein junger Mann, der Gott versprach, ins Kloster einzutreten, wenn er von einer schweren Krankheit geheilt würde. Er wurde gesund. Er ging ins Kloster. Nach geraumer Zeit erkannte er, daß dies nicht sein Platz war, und trat wieder aus. Heftige Schuldgefühle plagten ihn. Ich mußte ihm klarmachen, daß solche Versprechen überzogen sind; daß es Gott ist, der eine solche Berufung ausspricht, nicht der Mensch. Er sollte sein Leben Gott übergeben, egal welchen Beruf er ausübt. Die Bemühung, als bewußter Christ zu leben, ist ihm lieber als gewagte Versprechen abzulegen, deren Einhaltung das religiöse Leben belastet.

Gott hört immer. Vielleicht aber hören wir ihn nicht, weil unser Herz verschlossen ist. Er erhört unsere Gebete oft zu einem anderen Zeitpunkt und auf andere Weise, als wir es erwarten. Gewiß kann es sein, daß er diejenigen lieber erhört, die nach seinen Geboten leben, Versöhnung praktizieren, ihm vertrauen. Das heißt aber nicht, daß er die Frommen mehr lieben würde als die Unfrommen. Gott liebt alle Geschöpfe unterschiedslos. Er wird sich aber über die Frommen mehr freuen als über die Gleichgültigen. Und die Freude ist es, die dann zurückfällt auf den Menschen.

Eine Mutter liebt ihre Kinder allesamt, auch die mißratenen. Natürlich ist da weniger Freude über sie, mehr Trauer und Sorge. Um so mehr wird sie versuchen, sie mit Liebe zu gewinnen. Der Unterschied zwischen Gott und jener Mutter liegt darin, daß Gott dabei keinen Fehler macht. Und deshalb gibt es keinen Grund, ihm nicht zu vertrauen, auch wenn unsere Gebete »erfolglos« bleiben. Es wäre aber ein guter Grund, im Gebet mehr auf Gott zu hören, weniger zu reden.

KRANKHAFTE BEGLEITERSCHEINUNGEN

Wir Menschen sind nun einmal fehlerhafte Wesen. So ist es nicht verwunderlich, daß wir auch im geistlichen Bereich Mängel zeigen, die sich eher im Maßlosen, in der Übertreibung präsentieren als in einem Ausbleiben religiöser Leistungen. Ich spreche von Menschen, die sich um den reinen Glauben bemühen und alles daran setzen, ihr Leben »richtig« zu gestalten, Gott »gut« zu gefallen und sich selbst natürlich auch. Bei so viel Hang zur Vermeidung von Fehlern bleibt es nicht aus, daß sie nun erst recht getan werden. Manches kann auch im Charakter des Einzelnen begründet liegen, in der falschen religiösen Erziehung oder als Folge negativer Einflüsse, die von elitären religiösen Gruppen ausgehen.
»Wen der Teufel nicht zur Sünde verführen kann, den verführt er zur Übertreibung des Guten«, sagte einmal die heilige Teresa von Avila. Die Früchte können sein: unmerklicher geistlicher Hochmut, fundamentalistisches, also verengtes, einseitiges Bibelverständnis, Leistungsfrömmigkeit, Intoleranz und Weltflucht oder spiritueller Hedonismus (Genußsucht).

Sie ist tödlich, weil sie jeden Fortschritt im Glauben, jede persönliche Anstrengung, jede geistliche Trockenheit umgehen will. Nur ja keine Wüste! Immer nur Schönes, Frommes, Himmelhochjauchzendes.
Es gibt in Wahrheit keinen Glauben ohne Zweifel und keine geistliche Gemeinschaft ohne Mängel. Wie viele kommen vom Weg ab, weil er ihnen zu staubig, zu steil oder zu eng ist; so begeben sie sich auf Seitenwege, auf scheinbare Abkürzungen, die sich breiter und formationsreicher darstellen. Sie schimpfen über die müden Glaubensgenossen, über die Kirche oder ihre Gebetsgruppe und gehen mehr trotzig als mutig auf die Suche nach fröhlicheren, noch lauter jubilierenden Christen in einer emotional attraktiveren Gemeinschaft. Sie lassen sich füttern, und sie konsumieren die fromme Atmosphäre um sich herum. Manchmal ist es ihnen anzusehen: Augen zu, Kopf nach vorne, leichte Schräghaltung und langsam abheben. Mit beiden Füßen stehen sie plötzlich fest – in der Luft.
Hüten wir uns vor dem spirituellen Hedonismus, der das Mitleiden an der Unvollkommenheit der eigenen Glaubensfamilie meiden will. Glaubensreife zeigt sich in der Glaubenstreue. Nur wer sich in einer Gemeinschaft über Jahre hinweg bewährt, die Höhen und Tiefen miterlebt, beweist geistliche Treue. Er hat eine geistliche Heimat: »Selbst der Sperling hat gefunden ein Heim und die Schwalbe ihr Nest, darin ihre Jungen zu bergen« (Ps 84, 4).
Ich erlebe es immer wieder, daß Gläubige, die in ihren Erwartungen enttäuscht wurden, die gefundene Gemeinschaft aufgeben und sich einer anderen anschließen, die über kurz oder lang ebenfalls enttäuscht. Bei diesen Wanderern liegt das eigene Ich im Weg; sie suchen den Genuß; schwärmerische Erregungszustände werden dem Wirken des Heiligen Geistes zugeschrieben und geistliche Trockenheit der Schwerfälligkeit anderer. So sind viele Gläubige heimatlos, weil sie überall Heimat suchen.

Zur geistlichen Bescheidenheit und Leidensbereitschaft gehört auch die schmerzliche Verbindlichkeit meiner Gebetsgruppe oder Kirche. Zu viele Leute verwischen die Grenzen, verwechseln Unverbindlichkeit mit Toleranz und sehen keine Unterschiede mehr zwischen unseren evangelischen, katholischen, freikirchlichen oder reformatorischen Glaubensbrüdern. Weder das Errichten von Mauern noch das Wegwischen der leider vorhandenen Unterschiede bringt uns weiter. Wo beides geschieht, gibt es Spaltungen.
Die geistliche Genußsucht hat Reiner Marquardt in seinem köstlichen Büchlein »Über Eisheilige, Heilige und Scheinheilige« auf Seite 29 so beschrieben: »Sie (die Hummel) singt nicht, sie summt. Sie summt in einer Tonhöhe, die die Erdenschwere hinter sich wähnt. Rastlos fliegt sie hin und her. Schnell kriecht sie in diesen, hastig in jenen Blumenkelch. Nicht um zu essen, nein, um zu naschen. Das beste Tröpfchen Nektar ist für sie gerade gut genug. Alles mag sie nämlich nicht, sie ist Feinschmecker. Ein Feinschmecker wählt seine Speisen sorgfältig aus. Brot ist ihm zu hart. Brot kann man nicht naschen. Brot muß man beißen. Beißen ist Arbeit. So lange tut sie es schon, daß sie davon überzeugt ist, daß ihre Geschäftigkeit produktiv sei. Rund ist sie dabei allerdings geworden, sehr rund sogar ... Sie erinnert mich an Bruder Emsig, diese Hummel. Bruder Emsig kann zwar nicht fliegen, aber laufen. So läuft er dann auch von Evangelisation zu Evangelisation und nährt sich von einem Fest zum anderen. Gewissenhaft macht er die Festblüten des Volkes Gottes aus, von denen er sich himmlische Genüsse verspricht.«
Meine geistliche Heimat ist die katholische Kirche. Sie hat viele geistliche Gruppen, in denen man seinen Glauben gemeinsam ausdrücken kann: Fokolare, Schönstatt, Cursillo, Charismatische Erneuerung, Taizé-Gruppen, um nur einige zu nennen. Ich bin von Gott zur Charismatischen Erneuerung gerufen worden. In den Jahren meiner Zugehörigkeit seit 1982 habe ich viel Wunderbares, auch Leidvolles erlebt. Das Ausharren in ihr und das aktive Mitmachen gehört zur

Erfahrung des geistlichen Wachsens. Weglaufen oder nur Naschen zeugt von wenig spiritueller Reife.

Die geistliche Genußsucht kann sich auch anders präsentieren: Wenn einer seine geistlichen Bedürfnisse nach seinen augenblicklichen Launen ausrichtet. »Ich bete und gehe zur Kirche, wenn ich dazu Lust habe«, sagte ein Schüler. So denken und handeln viele Christen. Doch Beten oder Christsein ist keine Angelegenheit der Stimmung, sondern Sache des Willens, der konsequenten Entscheidung und entschiedener Konsequenz.

Auch das Treueversprechen in der Ehe kann niemals den schwankenden Gefühlen unterworfen sein, sonst stünde es schlecht um die Liebe. Das Ja zur Partnerschaft muß nicht nur in der Hoch-Zeit, sondern gerade in den Tief-Zeiten bewiesen werden. Wir alle haben oft keine Lust. Wer sich dennoch durchringt und treu bleibt, geht abends zufriedener schlafen – sicher auch am Abend des Lebens.

Verkappter Hochmut

Die geistliche Genußsucht hat einen Bruder: sein Name ist Hochmut oder Stolz. Er arbeitet sehr raffiniert und ist meist getarnt als Moralapostel.

In meinem letzten Buch »Stell dein Licht auf den Leuchter« habe ich ausführlich die Unterscheidung zwischen echter und falscher Demut sowie die verkappten Formen des Hochmuts dargestellt. So beschränke ich mich hier auf die Erwähnung des geistlichen Hochmuts als der moralisierenden, besserwisserischen Haltung eines durchaus gutmeinenden Christen, der sich heimlich zur geistlichen Elite zählt. Wer sich mit Haut und Haaren seiner Religion verschrieben hat und sich nun verkrampft bemüht, fehlerlos zu leben, läuft Gefahr, stolz zu werden. Sein Sendungs- und Auserwählungsbewußtsein bekommt mitunter sektiererischen Charakter. Unbeugsam gegenüber Andersdenkenden, handelt und redet er von oben herab, beschwört schlimme Strafen auf sie herab.

Er wähnt sich als Gottes Liebling, wo er möglicherweise sich selbst nur liebt; denn hinter seinem elitären, anspruchsvollen Auftreten verbirgt sich ein gehöriges Maß an Narzißmus. Der geistlich Hochmütige liebt nicht so sehr Gott und seine Geschöpfe, sondern eher seine religiöse Selbstdarstellung, die er als Folge seines Bemühens versteht.
Wer fromme Leistungen erbringt, teure Gaben opfert und die Schrift besser kennt, vermutet sich vielleicht auf der Glanzseite des Glaubens. Doch niemals dürfen wir unser geistliches Licht auf den Leuchter stellen, damit allen aufleuchtet, was wir für tolle Christen sind. Solches Licht macht nicht hell, wärmt nicht, sondern blendet und verblendet.
Aber auch die geistlich nicht erfüllten Menschen zeigen manchmal eine Form von Hochmut, die sich hinter folgender Kritik verbergen kann: »Muß man jeden Sonntag zur Kirche gehen? Wenn ich sehe, wie die Leute so fromm tun und dann die Woche über alles andere als christlich sind, bleibe ich lieber zu Hause.« Eine solche Bemerkung ist problematisch, da ich sie als Entschuldigung für meine eigene Bequemlichkeit benutzen kann. Oder als hochmütige Feststellung: Ich bin wenigstens ehrlich! Ich gehe nicht zum Gottesdienst und mache es nicht wie die anderen, die sich Christen nennen und keine sind. Ich bin vielleicht eher Christ als diese Leute!
Wir alle können uns und den anderen etwas vormachen, nicht aber Gott. Von ihm gerufen und geführt zu werden, sollte uns mit Großmut erfüllen, nicht mit Hochmut.

Übertreibung des Gutgemeinten

Jeder Christ weiß es aus eigener Erfahrung: Nach dem ersten Glaubensschritt ist man versucht, Gott durch Gesetzeserfüllung zu gefallen. Dabei besteht die Gefahr, alles aus eigener Kraft und Anstrengung machen zu wollen, ohne auf den Geist Gottes zu achten.
So mancher suchende Erdenbürger schreckt vor dem konsequenten christlichen Leben zurück aus Angst vor den An-

forderungen, die da kommen könnten; denn die Leistungsfrommen und die Asketen unter den Christen wecken mehr Ablehnung als Sehnsucht, mehr Angst als Neugier. Auch die religiöse Lebensform muß maßvoll bleiben, sonst vermittelt sie den Eindruck, daß die Welt vom Bösen beherrscht wird. Überhaupt werde ich das ungute Gefühl nicht los, daß einige unserer Glaubensbrüder dem Teufel mehr Wirkung und eine umfassendere Anteilnahme an der Welt zuschreiben als Gott. Bei meinen Vorträgen und Seminaren werde ich landauf, landab von verängstigten Christen gefragt, ob es stimme, daß die Marienverehrung dämonischen Einflusses, die Akupunktur für einen Christen unannehmbar sei, und ob es stimme, daß ein echter Christ nie krank werde. Da müssen ja ungeheuerliche Verwirrungen ausgestreut worden sein! Das einzige, was daran diabolisch ist, sind wohl derartige Behauptungen.

Die Krönung solcher maßlosen und undifferenzierten Aussagen bekam ich jüngst in einer bayerischen Stadt auf einem vervielfältigten Flugblatt serviert, das an der Windschutzscheibe meines Wagens steckte:

»Ein Christ willst du sein? Gottlos bist du! Trenne dich von vor- und außerehelichen Beziehungen, Fernsehen, Kino, Opernhaus, Rauchen, Fressen und Saufen, Illustrierten, Horoskop, Aberglauben und Okkultismus, Tanzen, Diskothek, Glücksspiel, Lügen, Stehlen, Betrügen, Damenhosen, Schmuck und Schminke, Sportfanatismus, Frei- und Hallenbad, Sauna, Schulden, Bildungswahn, Pornographie und Doktor. Wer solche Dinge tut, ist Gott ein Greuel. Darum bekehre dich zu Jesus!« Darunter war eine vollständige Adresse angegeben!

Leider ist das kein pathologischer Einzelfall. Viele Suchende wissen nicht zu unterscheiden zwischen Weltflucht und gesundem Verzicht, zwischen Weltverbundenheit und reiner Weltlichkeit. Solche »Verkündigungen« sind maßlos. Die Behauptung, ein wirklich gläubiger Christ werde nicht krank, ist absurd und theologisch völlig falsch. Dann hätte auch Paulus nicht krank sein dürfen und auch nicht der

Blindgeborene, von dem Jesus sagt, daß er blind sei, damit sich die Macht Gottes an ihm erweise (Joh 9, 2). Krankheit ist auch nicht eine Einwirkung dämonischer Macht, wie ich gelegentlich zu hören bekomme. Sie kann die logische Konsequenz einer falschen Lebens- und Denkweise sein, einer Vergiftung, einer Infektion usw.

Es ist ungesund, immer den Teufel ins Spiel zu bringen und ihn somit gewichtiger erscheinen zu lassen als Gott. Falschaussagen und Übertreibungen sind die besten Mittel, interessierte Neulinge, auch geistlich Fortgeschrittene zu verscheuchen. Erst entsteht Verwirrung, dann Angst, und am Ende folgt die Spaltung.

Die Neigung, vor Gott und den Menschen etwas Besonderes sein oder tun zu wollen, ist oft verbunden mit dem Richten über andere. Gottes Ruf überfordert nicht. Falsche Radikalität kann zu Streß, Trauer, Mißmut und Psychosen führen. Die geistlichen Gewichte werden verschoben.

Es ist ein Unterschied, ob ich für mich selbst einen asketischen Weg des Glaubens als richtig erkannt habe, oder ob ich ihn auch anderen vorschreibe. Vollkommenheit sollte jeder seinem Wesen gemäß anstreben.

Mir scheint, daß derzeit auch in manchen christlichen Gebetsgemeinschaften ein übertriebenes Vollkommenheitsstreben Ursache für zusätzliche Schwermut, Angst und geistlichen Rückschritt ist. Da gibt es superchristliche Bemühungen, allen Homöopathen aus dem Weg zu gehen, Wünschelrutengänger zum Teufel zu wünschen, sich selbst kaum noch Lebensfreude zu gönnen und sämtliche Konflikte und Krankheiten zu »überbeten«, statt einen Arzt oder Psychologen aufzusuchen. Und wenn der Psychologe nicht christlich ist, dann wird er deshalb doch nicht gleich vom Dämon geritten sein.

Mir fällt bei manchen gutgläubigen Christen ihr Mangel an gesunder Aggressivität auf; sie suchen irgendein Vorbild nachzuahmen und verwechseln Nachfolge mit Nachahmung, verweigerte Anpassung mit sündhaftem Ungehorsam, geistliches Leben mit verkrampfter Abwehr jeglicher

Gebotsverletzung. An den Früchten kann man sie erkennen: sie sind mißmutig, moralisierend, elitär.
So eine Haltung kann zur Selbstsucht und Eitelkeit führen. »Gebt acht, daß euch keiner durch die Vorspiegelung höherer Erkenntnis betrügt«, schreibt Paulus im Brief an die Kolosser (2, 8) und warnt im übrigen vor übertriebenen Frömmigkeitsübungen. Der geistlich erfüllte Mensch zeichnet sich auch aus durch Weitherzigkeit, Gottvertrauen und Furchtlosigkeit. Gott und er sind die siegreiche Mehrheit.

FOLGEN ECHTEN GEISTLICHEN LEBENS

Im Unterschied zum geistlosen beziehungsweise ungeistlichen Leben, dem ein Gefühl der ständigen Hektik und Ersatzbefriedigung als Ausgleich für die innere Leere anhaftet, führt das spitituelle Leben zu Gelassenheit und Zuversicht. Es ist nicht frei von Problemen und Mißerfolgen, von Rückfällen und Schuld, aber frei von überängstlicher Vorsorge, weltlicher Abhängigkeit und moralischer Arroganz. Geistliches Leben zeichnet sich durch Einfachheit aus, durch Klarheit und Lebensmut. Da gibt es keine Anklammerung an Wahrsagerei, an Horoskope, an Geisterbeschwörung und Totenbefragung. Es reicht das Vertrauen zu Gottes Führung. Dafür beschenkt Gott den Menschen reichlich, mitunter mit besonderen Gaben seines Geistes (Charismen), die nicht dem Einzelnen, sondern der Gemeinschaft zur Verfügung stehen. Die hier aufgezählten Merkmale eines christlichen Lebens sind nur eine kleine, aber entscheidende Auswahl.
Heute erhielt ich einen Brief von Wolfgang, einem jungen Freund, der tatsächlich das ausstrahlt, was er schreibt:
»Es ist zur Zeit ganz komisch mit mir, ich fühle jeden Tag eine solch tiefe Freude, einfach so, nur eben geschenkt. Die Eucharistie ist wohl das größte Geheimnis; von ihr geht ein

Friede aus. Ich habe entdeckt: Du kannst von Gott alles haben, wenn du alles losläßt; jedoch bis das das Herzchen kapiert, dauert's eben seine Zeit, und das ist auch gut so!«
Beneidenswert, daß er mit zwanzig Jahren bereits erkannt hat, was ich mit vierzig begriffen habe. Und ich danke Gott, daß ich es überhaupt erfahren durfte.

Christusbekenntnis und Gotteserfahrung

Paulus spricht im Galaterbrief von den Früchten des Heiligen Geistes, die Liebe, Freude, Friede, Langmut, Milde, Güte, Treue, Sanftmut und Enthaltsamkeit heißen (Gal 5, 22). Ein Christ wird diese Tugenden stets im Hinblick auf Jesus Christus leben; ohne den Blick auf ihn kann er sich nicht Christ nennen. Wenn einer die Gottessohnschaft Jesu leugnet, wenn er ihn lediglich als großen Propheten gelten läßt und somit ein spezifisch christliches Glaubensbekenntnis über Bord wirft, ist er im eigentlichen Sinn kein Christ. Das sagt noch nichts aus über seinen Wert als Mensch. Für den geistlich orientierten Menschen ist der Geist Gottes verbindlich; Herr seines Lebens ist Jesus. Und »wer sich vor den Menschen zu mir bekennt, zu dem wird sich auch der Menschensohn am Gerichtstag vor den Engeln Gottes bekennen« (Lk 12, 8). Diese Aussage Jesu fordert uns auf zu einem offenen Bekenntnis. Unser Glaube ist keine private Angelegenheit, wie manche meinen. »Schäme dich nicht, dich zu unserem Herrn zu bekennen« (2 Tim 1, 8).
Nun gibt es im Leben jedes Christen Momente, in denen er die Liebe, die Anwesenheit, das Wirken Gottes besonders spürt. Er macht eine Gotteserfahrung. Solche geistlichen Erfahrungen sollten mutig anderen mitgeteilt werden; nicht in angeberischer, hochmütiger Weise, sondern in Freude und Dankbarkeit; denn allzugroße Sicherheit kann auch hierbei verdächtig sein. Nie haben wir hundertprozentige Garantie für die Echtheit unserer religiösen Erfahrungen. Die Kriterien, die auf Seite 101 genannt sind, gelten auch

hier. Allzu großer Enthusiasmus kann ebenso wie ein rationalistisches Denken zu einer Verfälschung, Überdeckung, Verdrängung oder Einbildung führen. Der Mensch, der sich vom Geist Gottes führen läßt, muß stets mit seinen Charakterfehlern rechnen: Ungeduld kann zur Voreiligkeit, Angst zur Vermeidung, Geltungsdrang zur Übertreibung, Wunschdenken zur Färbung des Erlebten führen.
Manchmal werden wir zu Dingen befähigt, die wir uns nie zugetraut hätten. Hieran dürfen wir getrost das Wirken des Heiligen Geistes erkennen. Wer seinen Glauben bei seinen Mitmenschen bekennt, wer sich nicht scheut, in weltanschaulichen Diskussionen positive Stellung zu Jesus zu nehmen und auch zu seiner fehlerhaften Kirche zu stehen, wer frei von sauertöpfischer Moral und besserwisserischem Missionieren seinen Weg als Christ geht, tut dies kaum aus eigener Kraft, sondern aus der Gnade Gottes. Er tut es nicht griesgrämig, aufdringlich oder überheblich (das wären die Begleiterscheinungen des eigenmächtigen sektiererischen Handelns), sondern in Gelassenheit und im Vertrauen auf das Wirken Gottes.
Wir müssen aufpassen: Nicht jeder, der den Namen Jesu im Munde führt, tut dies in christlicher Gesinnung. Es gibt Blender, Irrlichter, Sektierer, die im Deckmantel des christlichen Glaubens eine falsche Spur verfolgen. Ihre Selbstsicherheit und Kirchenfeindlichkeit, ihr fundamentalistisches Bibelverständnis sowie die Vermischung ihrer religiösen Lehre mit exotischem, esoterischem und hausgemachtem Gedankengut sollten uns Warnung sein. Das »Heimholungswerk Jesu Christi«, die »Kirche Jesu Christi«, die »Kinder Gottes«, die »Vereinigungskirche« und andere ähnliche Gruppierungen haben mit der Lehre Jesu nichts zu tun.
Als Lehrer an berufsbildenden Schulen komme ich täglich mit jungen Menschen in Berührung. Darüber hinaus führe ich viele Gespräche mit Jugendlichen in Seminaren und geistlichen Wochenendveranstaltungen. Da fallen mir immer wieder die Unterschiede auf zwischen denen, die den

Geist Gottes in ihr Herz aufgenommen haben, und denen, die noch Angst vor ihm haben beziehungsweise aus ungläubiger Haltung heraus ihr Herz noch verschlossen halten.
Nicht als ob der geistlich erfüllte Mensch ständig mit einem Lächeln herumlaufen würde! Jeder hat seine Sorgen, Ängste und seine Trauer. Aber der Geisterfüllte trägt sie mit größerer Gelassenheit; er ist sensibler für das Handeln Gottes in seinem Leben. Und so erfährt er auch weitaus häufiger seinen Gott als der im Glauben träge und oberflächliche Christ. Da er seine Antenne stets nach oben ausgerichtet hat, empfängt er Signale, die der andere nicht wahrnimmt.
Vor meiner Umkehr, die ich in meinen früheren Büchern beschrieben habe, lebte ich nicht unglücklich, aber ohne tragende Beziehung zu meinem Schöpfer. Nach der Kurskorrektur begann das Leben freier und sinnvoller zu werden. Die Probleme erhielten einen anderen Stellenwert; es gibt keine Aussichtslosigkeit mehr, keine erdrückende Belastung. Ich bin nicht mehr allein. Das Verhältnis zu Jesus wurde persönlicher. So etwas schlägt sich auch im Gebet nieder. Ich spreche mit ihm wie weiland Don Camillo. Das mögen nicht alle Leute. Doch sollte jeder mit seinem Vater sprechen, wie er es für richtig hält. »Abba« = Väterchen, Papa dürfen wir sagen.
Wir sind nie frei von Charakterfehlern, von »Strukturschwächen«. Im Gegenteil: Wer sich Gott ausliefert, erkennt seine Fehler plötzlich genauer. Das Licht seines Glaubens macht heller; da wird auch der Schatten deutlicher. Der lebendige Christ provoziert den »toten« Christen mehr; er fordert zur Kritik heraus. Und möglicherweise muß er dann eine Richtung einschlagen, die ihm unangenehm ist: »Ich führe dich einen Weg, den du nicht gehen willst!« (Joh 21, 18)
Wer sich auf Gott einläßt, erfährt ihn. Die sogenannten Zufälle sind nicht ohne Sinnbezug; sie sind Ereignisse, die ihm von oben »zufallen«. Hinter ihnen kann sich Gott verbergen, der seine Geschöpfe führen möchte, der ihnen Angebote seiner Liebe macht, auf die der Mensch nicht eingehen

muß. Gott zwingt nicht. Wer seine Augen öffnet, wer den manchmal steilen Weg zu gehen wagt, wer seine Ohren offenhält und Leben in seinen Glauben bringt, der gehört zu jenen, von denen es heißt: »Blinde sehen, Lahme gehen, Taube hören, Tote stehen auf!« (Mt 11, 5)

Als ich vor kurzem mit einem Buggy die Autobahn Richtung Trier befuhr, versagte die Schaltung. Der dritte Gang blieb stecken; da war nichts mehr zu rühren. Es war an einem Samstagmorgen. Da sind sämtliche Werkstätten geschlossen. Also bat ich Gott, mir zu helfen: Entweder solle er jetzt das Schaltgetriebe wieder in Ordnung bringen oder aber sämtliche Ampeln auf grün schalten; denn ein Anhalten und Anfahren im dritten Gang war unmöglich. Das Wunder geschah: Sämtliche Ampeln zeigten grün; kein Fußgänger, der mich zum Anhalten zwang. Als ich mich auf dem Weg nach Hause meiner Werkstatt näherte, fielen mir die offenen Tore auf. Ich fuhr in den Hof hinein. »Sie haben uns gerade noch gefehlt!« raunzte der Chef. »Da ist die Werkstatt einmal samstags auf, und schon kommen Sie daher. Was gibt's?« – »Die Gangschaltung blockiert. Nichts mehr geht.« – »Sie haben ein Glück! Zufällig ist heute ein Buggy-Fachmann aus Köln hier«, antwortete der Chef und holte ihn. Der beschaute sich den Schaden und brachte alles in weniger als fünf Minuten in Ordnung. Kostenlos.

Für mich ist diese Begebenheit eine ganz klare »Gotteserfahrung«. Die hier vorliegende Summe kleiner »Zufälligkeiten«, die sich nach meinem Gebet ergab, mag der weniger Gläubige als Gesamtzufall abtun. Ich persönlich sehe es anders. Es war wieder einmal ein Anlaß, Gott zu danken.

Konfliktfähigkeit

Im ersten Kapitel erwähnte ich bereis die Bereitschaft zu notwendigen, heilsamen Auseinandersetzungen, vor denen sich ein Christ keineswegs wegschleichen kann. Die gelegentlich zu hörende Bemerkung »Liebende streiten sich nicht« ist ein verhängnisvoller Irrtum, der zu Gefühlsverdrängungen, zu nonverbalen Streitigkeiten und später dann zu handfesten, auch psychosomatischen Erkrankungen führen kann. Bedenken wir: Nur Liebe und Interesse an einer Person ermöglichen Streit. Gleichgültigkeit ist der Tod jeder Liebe.

Da wir fast alle nicht gelernt haben, fair zu streiten, wählen wir entweder den Weg der Verdrängung (des Herunterschluckens) oder den Weg des Drauflospolterns. Die erste Möglichkeit führt zum heimlichen Krieg, zur allmählichen Vergiftung der Beziehung; die zweite Möglichkeit beleidigt, verletzt, tobt sich auf Kosten des anderen aus.

Wir können Seminare belegen zum Erlernen des fairen Streitens; wir können uns selbst in Frage stellen und Gott bitten, uns Mäßigung, Klugheit und Liebe zu schenken, damit wir zu einem klärenden Gespräch befähigt werden. Dazu gehört die Annahme der eigenen Person. Wer stets das will, was andere wollen, läuft Gefahr, abhängig zu werden und Rollen zu spielen. Am Ende haßt er sich und die anderen. Wer nur Frieden will und Streit meiden möchte, weil es ihm oder dem anderen wehtut, wird nicht angstfrei leben können. Es gibt eine Verweigerung des Gehorsams und der Anpassung, die gerechtfertigt ist. Ich kann mein Glück nicht von anderen erwarten. Ich bin nicht dazu da, die Wünsche anderer zu erfüllen, damit sie zufrieden sind. Wunscherfüllung ist dann legitim, wenn sie aus freier Liebe geschieht, in Ver-Antwort-ung für den anderen.

Ein gläubiger Mensch muß konfliktfähig sein, sonst kann er seinen Weg nicht gehen. Er muß mit Ablehnung, Spott, Angriffen rechnen. Er muß mit der sozialen und geistlichen Wüste rechnen. Er muß mit dem Schwert Jesu rechnen, das mitten durch die Familie gehen kann, seine privaten Wünsche zerschneidet, seine Beziehungen zerteilt, seine Freunde spaltet.

Auch Paulus und Petrus stritten miteinander. Fromme Menschen sind weder vom Un-Heil der Welt befreit noch davor gefeit. Sie müssen dem Feind in die Augen schauen; dazu hat ihnen Gott seine Hilfe zugesagt: »Macht euch keine Sorgen darüber, wie ihr euch verteidigen oder was ihr sagen sollt. Denn der Heilige Geist wird euch eingeben, was ihr sagen sollt!« (Lk 12, 11)

Wer in der Krise davonläuft, hat sie überbewertet oder Gottes Beistand übersehen. Manche Patienten suchen beim Therapeuten (und gewiß auch bei Jesus) keine Änderung ihrer Ansichten oder Lebensweise, vielmehr eine Hilfe zum leichteren Begehen ihres falschen Weges. Die Sicherheit des gewohnten Ganges ist ihnen lieber als die Unsicherheit einer neuen Richtung. Andere ziehen sich zurück, entfliehen dem Leben oder suchen nur noch den geistlichen Genuß, die totale Sicherheit. Sie werden lebensuntauglich, für das Reich Gottes unfähig. Glaube macht stark, Unglaube trotzig, Aberglaube ängstlich. Der Glaube befreit zur Lebensbejahung, was nicht heißt, daß einer stets »Ja und Amen« sagt, wo ein »Nein« am Platz ist.

Jesus selbst scheute sich nicht vor Auseinandersetzungen mit seinen Gegnern, vor einem Rückzug in die Stille, wenn die Masse ihn zu sehr bedrängte, vor einem irdischen Ungehorsam (den Menschen gegenüber), wo ein himmlischer Gehorsam (Gott gegenüber) gefordert war.

Ein Konfliktfähiger denkt nicht: »Es ist alles so schlimm, so entsetzlich, so katastrophal!« Er denkt: »Es ist schmerzlich und ärgerlich. Doch das bringt mich nicht um.«

Der geistliche Mensch geht noch weiter: Er schaut auf das Kreuz, das die Ereignisse des Lebens über das rein weltliche Denken hinaus erhebt, im Hinblick auf Ostern zwar nicht erklärt, aber klärt. Ein geistlicher Mensch deutet die Probleme anders; er fühlt sich nicht alleingelassen auf der Suche nach Lösungen.

Als ich einem Ehepaar gegenüber, das durch den Betrug eines geschäftlichen Teilhabers in finanzielle Not geriet, bemerkte: »Jetzt ist der Moment gekommen, Gott in die Probleme einzuweihen und ihn um Hilfe zu bitten!« erntete ich Gelächter. Es war kein Hohnlachen, sondern Ausdruck eines überzeugten Unglaubens. Sie konnten sich nicht vorstellen, daß Gott hierbei in irgendeiner keineswegs magischen

Weise helfen könnte. Ihr eigener, immer noch kindisch gebliebener und daher auch magisch verzerrter Glaube stand ihnen im Weg. Daß Gott die Dinge ganz anders laufen lassen könnte – auch auf ihre Bitten hin –, schien ihnen unverständlich.
Ich werde also still für den betrügerischen Teilhaber beten. Wenn nun das Problem (wie auch immer) gelöst wird, wird das Ehepaar mit gläubiger Gewißheit davon überzeugt sein, daß sich alles ohne Gott ganz gut gefügt hat, ja daß sie selber aus eigenem Bemühen die Lage verändert haben. Von meinem Gebet wissen sie nichts. Das ist der Unterschied. Ich selber habe keine Gewißheit darüber, daß Gott tatsächlich eingegriffen hat; ich deute es so. Gott wird sich nicht ändern, aber der Beter und der, für den gebetet wird. Und darauf kommt es an.

Verzichtfähigkeit

Eine sehr eindeutige Konsequenz oder Begleiterscheinung geistlicher Haltung ist die wachsende Bereitschaft, auf Überfluß, auf Äußerlichkeiten und fragwürdiges Beiwerk zu verzichten. Der geistliche Mensch bekommt ein Gefühl für gewisse Grenzen des Machbaren und Erreichbaren. Diese Fähigkeit des Loslassens wächst mit zunehmendem Alter, wenn der Verzicht auf Liebgewordenes als eine Einübung ins Sterben zwangsläufig zunimmt. Ich meine mit dem Verzicht das Loslassen sowohl materieller als auch ideeller Werte zugunsten einer intensiveren Hingabe an Gott, der immer schon zum »Sammeln rostfreier und unvergänglicher Werte« aufgerufen hat (vgl. Mt 6, 19).
Gewiß kann der Arme leichter auf Reichtum, Ruhm und satten Magen verzichten, wenn er sich mit dem Unerreichbaren abgefunden oder resigniert hat. Und auch der Reiche tut sich leichter, wenn er aus Liebe zu einem Menschen oder zu einer Idee alles aufgibt und die Nase voll hat vom ständigen Behüten- und Absichernmüssen seiner Güter.
Wenn wir uns die Biographien der Heiligen anschauen, stel-

len wir einheitlich fest, daß mit dem spirituellen Reichtum eine materielle Bescheidenheit einhergeht. Das heißt nicht, daß irdischer Reichtum von vornherein dem geistlichen Leben entgegenstünde. Aber er kann doch ziemlich hinderlich sein, was Jesus in seinen Wehklagen über die Reichen wohl ausdrücken wollte.

Manchmal träume ich davon, sehr reich zu sein, um den Armen helfen zu können. Fürwahr ein naiver Tagtraum, dessen Erfüllung mit Sicherheit anders ausfallen würde. Ich versuche, meinen materiellen Stand begrenzt zu halten; mehr Verdienst herauszuschlagen wäre ohne weiteres möglich; aber ich lehne dies ab und bin in den Augen vieler Mitmenschen ein Narr. Meine Honorare liegen weit unter dem Durchschnitt, was manche Patienten und Seminarveranstalter mit Erstaunen feststellen. Kollegen wittern in mir einen gefährlichen Konkurrenten. Das stört mich nicht.

Angesichts der zunehmenden Bettlerschar in unserer Stadt quälen mich manchmal Schuldgefühle, die ich dann mit Geldspenden zu beschwichtigen versuche. Ich denke, daß Schuldgefühle den Wert des Gebens nicht schmälern. Gott wird gerade schreiben auf unseren krummen Zeilen.

Es ist an der Zeit, auch einmal über das Fasten etwas zu sagen. Der Wert des Fastens wird vielfach unterschätzt oder überhaupt nicht erkannt. Ich meine nicht ein Fasten zugunsten der übergewichtigen Figur, sondern ein Verzichten auf üppige Mahlzeiten, ja hie und da ein Verzichten auf eine Mahlzeit überhaupt, und zwar aus geistlichen Gründen. Askese bedeutet nicht: Ich verzichte. Sondern: Ich gewinne, und deshalb kann ich auf vieles verzichten. Die spirituellen Kräfte, die beim Fasten freigesetzt werden, kann nur derjenige erahnen, der ein solches Fasten regelmäßig praktiziert. Die katholische Rockmusikgruppe EFFATA aus Ravensburg bereitet sich mit Fasten und Beten auf ihre Tourneen vor, sozusagen als Gegengewicht zu jenen Musikbands, die vor ihren Auftritten in okkulten Zeremonien dämonische Mächte anrufen, um sich den erwünschten Erfolg zu sichern.

Jesus selbst hielt sein vierzigtägiges Fasten; die Buddhisten fasten täglich, die Moslems haben ihren vierwöchigen Ramadan; die Christen beschränken sich inzwischen auf Aschermittwoch und Karfreitag, wenn überhaupt. Jesus wies einmal darauf hin, daß eine bestimmte Art von dämonischer Erkrankung nur durch Fasten und Beten zu heilen sei (Mk 9, 29). Der Pfarrer von Ars war sozusagen ein Dauerfastender (und ist nicht verhungert); im Alten Testament war die Umkehr zu Gott stets an die Verpflichtung zum Fasten gekoppelt; Vergebung wurde ermöglicht nach Schuldbekenntnis und Fasten (Lev 16, 29); in Unglückszeiten rief man zum Fasten und Beten auf (Ri 20, 26; Joel 1, 14); Maria wies in Fatima und jetzt in Medjugorje stets auf die Notwendigkeit des Fastens hin, damit die Welt vor größerem Unheil bewahrt bleibe. Das Fasten ist eine Waffe gegen die Angriffe Satans. Ein körperlich gesunder Christ kommt also nicht an der moralischen Verpflichtung des Fastens vorbei.
Und noch einen ganz anderen Aspekt bitte ich zu bedenken: Der geistlich ausgerichtete Mensch ist auch umweltbewußt; er beteiligt sich an der Rettung der Schöpfung, indem er zum Beispiel umweltzerstörende Aktionen meidet, nach Möglichkeit unterbindet und Initiativen des WWF (World Wildlife Fund), des Greenpeace oder anderer Gruppen unterstützt. Selbstverständlich wird er den Verzehr von Singvögeln, Froschschenkeln, Schildkrötensuppen meiden und auf den Kauf teurer Leoparden-, Zobel- oder Ozelotpelzmäntel verzichten. Er braucht auf seinen Wagen nicht zu verzichten; er muß auch jetzt seinen Strom nicht abschalten oder seine gekauften Waren unverpackt nach Hause schleppen, bloß weil die meisten Geschäfte immer noch keine umweltfreundliche Verpackung anbieten. Jeder handle nach seinen Möglichkeiten und Fähigkeiten, sonst wird sein Gebet um den Schutz und die Erhaltung der Welt zu einer Farce.
Auf Überfluß verzichten, regelmäßig fasten, freiwillige Einschränkungen vornehmen – das sind geistliche Handlungen, wenn sie im Hinblick auf die unvergänglichen Werte des

Reiches Gottes vollzogen werden. »Jeder, der an einem Wettlauf teilnehmen will, nimmt harte Einschränkungen auf sich. Er tut es für einen Siegeskranz, der verwelkt. Aber auf uns wartet ein Siegeskranz, der niemals verwelkt. Darum laufe ich wie einer, der ein Ziel hat. Darum kämpfe ich wie einer, der nicht in die Luft schlägt. Ich treffe mit meinen Schlägen den eigenen Körper, so daß ich ihn ganz in die Gewalt bekomme« (1 Kor 9, 25–27).

Zeit haben für Gott

Vor mir liegt der Brief eines Pfarrers, der fünf Seiten lang über Arbeitslast und Zeitmangel jammert. Er klagt über den Verlust seines geistlichen Lebens; die vielen Termine, die ihn von einer Sitzung zur anderen jagen, von einer gesellschaftlichen Verpflichtung zur anderen, lassen ihm keine Zeit mehr für Gebet, Bibellektüre und Stille. Ich frage mich, wieviel Zeit er für diesen Brief verwendet hat.
»Ich habe heute noch so viel zu tun, daß ich erst einmal eine Stunde beten muß!« sagte Martin Luther. Nichts läuft uns weg, höchstens wir uns selber. Viele Konferenzen sind unnötig, viele Repräsentationen überflüssig; das Fernsehen raubt uns kostbare Zeit, die wir für das Gebet verwenden könnten. Wer einen dicken Terminkalender hat, muß seine Zeit stur einteilen und Prioritäten setzen. Das morgendliche und abendliche Gebet hat Vorrang vor allem. Also ist es ratsam, etwas früher aufzustehen und dem Herrn die ersten Minuten des Tages zu schenken. Morgenmuffel werden es wohl kürzer machen und dafür am Abend sich mehr Zeit nehmen. In dieser Stille vor Gott erledigt sich manches von selbst. Mitunter gibt mir Gott selber zu verstehen, was heute zu tun und zu unterlassen ist. Ich brauche ihm nur mein Programm vorzulegen und ihn um Führung zu bitten.
Aus eigener Erfahrung weiß ich, daß so manche Termine der Eitelkeit entspringen oder dem Gefühl, gebraucht zu sein. Wenn ich das weiß, wird es Zeit für einen Rückzug. Wir müssen nicht alles in Eigenregie machen aus Angst, es

könne sonst schiefgehen. Sonst machen wir Gott arbeitslos und beschwören Mißerfolge, Überarbeitung, Krankheit und Gereiztheit herauf. In diesem Punkt sollten sich viele Pfarrer einmal fragen, ob sie nicht eine Menge Arbeit delegieren könnten. Immer wieder bekomme ich zu hören, daß gerade Jugendliche zu wenig zum Zug kommen. Die von ihnen angebotene Mitarbeit wird aus unklaren Gründen abgelehnt oder durch starke Reglementierung abgeblockt. Das Reich Gottes kann nicht zur Blüte gelangen.
Es sind nicht wenige unter uns, die am »Martha«-Syndrom leiden: Geschäftigkeit, Unruhe, Arbeitswut, Dien-Wut. »Martha, Martha, du sorgst und mühst dich um so viele Dinge, aber nur eines ist notwendig. Maria hat das Bessere gewählt, und das soll ihr nicht weggenommen werden!« (Lk 10, 41)
Wenn wir nicht lernen, uns viel Zeit zu nehmen für Gott, also für unsere geistliche Gesundheit, dann werden wir uns eines Tages viel Zeit nehmen müssen für unsere Krankheiten. »Sehr früh am Morgen, als es noch dunkel war, stand Jesus auf und ging an eine einsame Stelle, wo er betete« (Mk 1, 35).
Ich könnte meine Arbeit in der Schule (vormittags), in der Praxis (nachmittags), in den vielen Hörsälen der Akademien und christlichen Bildungshäuser (abends und am Wochenende) nicht im Sinn Gottes verrichten, wenn ich mich nicht von Zeit zu Zeit auch zurückziehen würde.
Während der Ferien spüre ich deutlich, wie das Fehlen eines strukturierten Tages mein Gebetsleben durcheinanderbringt. Das längere Schlafen und spätere Zubettgehen sowie der unrhythmische Tagesablauf lassen die geistlichen Momente zu kurz kommen. Ich muß da sehr aufpassen.
Es sind nicht die Arbeitswütigen, die die Welt verändern, sondern die Beter. Ich leide darunter, daß es in keiner Schule einen Meditationsraum gibt, in den sich Schüler und Lehrer zum Gebet zurückziehen können. Es gibt Raucherzimmer, Krankenzimmer, Aufenthaltsräume und Lesesäle, aber keinen Raum für das spirituelle Auftanken.

Ich habe es bisher nur einmal erlebt, daß ein Pfarrgemeinderat zu Beginn und Ende seiner Sitzungen betet. In der Regel geht man direkt zur Tagesordnung über, die vollgestopft ist. Es mag sie geben: die betenden Konferenzteilnehmer, Ausschußmitglieder, Sitzungsdelegierten. Im Christentum müßte es eine Selbstverständlichkeit sein, zuerst und in verfahrenen Situationen prinzipiell sich dem Herrn zuzuwenden.
Wenn wir einmal die Minuten zusammenzählen, die wir an einem einzigen Tag mit Rauchen, Fernsehen, Schimpfen und unfruchtbaren Auseinandersetzungen vergeuden, ergibt das die beachtliche Menge von durchschnittlich vier Stunden (so eine amerikanische Studie). Wir hätten mehr Energie und Freude, wenn wir die Hälfte davon im Gebet zubringen würden.
Es gilt also ab heute: Gott mehr Zeit schenken! Er wird sie uns vielfach zurückgeben. Wetten daß . . .!

Vergebungsbereitschaft

Eine der schwierigsten Forderungen Jesu an uns ist die Bereitschaft zur Versöhnung. Hier läßt sich ermessen, welche Liebe und Menschenfreundlichkeit von Gott ausgeht. Der wirkliche Christ ist demütig: Er hat den Mut, sich seinem Gott auszuliefern und in dessen Namen seinem Nächsten zu vergeben, auf Rechthaberei, Rache, Vergeltung, auf das »Auge um Auge, Zahn um Zahn« zu verzichten. Je nach Tiefe der erlittenen Demütigungen kann so ein Prozeß der Vergebung Jahre dauern. Was unvergeben bleibt, weil wir nicht dazu bereit sind, bleibt auch uns unvergeben (vgl. Mt 6, 14); deshalb ist es für uns eine lebenslängliche Aufgabe, unseren Mitmenschen zu vergeben, aber auch uns selber und schließlich unserem Gott, der manche leidvolle Situation zugelassen hat.
Wer tiefenpsychologische Kenntnisse besitzt, weiß um die oft verworrenen Hintergründe unserer gegenseitigen Verletzungen. Solches Wissen erleichtert die Vergebung. Früh-

kindlich erworbene Wunden, die noch nicht verheilt sind, können die Bereitschaft zur Versöhnung erschweren; ebenso sind Minderwertigkeitsgefühle und Versagensängste oft genug Ursachen (oder Folgen) ausbleibender Versöhnung, da die Selbstannahme wesentliche Voraussetzung für die Nächstenliebe ist.

So tut der Christ gut daran, sich selber einmal zu überprüfen: »Gott liebt mich, sonst hätte er mich nicht erschaffen. Sein Ruf geht auch an mich; er hat mir Gaben gegeben, die ich erkennen und einsetzen soll. All die bisher erlittenen Demütigungen und Mißerfolge dienen zum Aufbau von gesundem Widerstand gegen die Mutlosigkeit. Gott läßt sie zu, um mich stark zu machen. Wie oft verletze ich andere, weil ich selbst verletzt wurde? Jeder sucht Anerkennung und Zuwendung. Mit welchen Mitteln tue ich das? Habe nicht auch ich manchmal versucht, auf ungehobelte Weise, in oft angstmachender Form und verschlüsselt Zuwendung und Beachtung zu bekommen? Und so verletzen wir uns gegenseitig, einfach nur aus Angst vor dem Liebesverlust. Lieber Gott, ich bitte um Vergebung; ich bitte dich, all jenen zu vergeben, die ich nicht (er)leiden kann, die mir durch ihre bloße Anwesenheit meine Ohnmacht und Unzulänglichkeit deutlich machen, deren Erfolge und Anderssein ich beneide, die mich an meine Probleme erinnern.«

Immer und immer wieder vergeben erfordert ein starkes Selbstwertgefühl; das kann nur einer erreichen, der sich selbst von der Liebe Jesu getragen weiß und bejaht. Wer seine Schwächen akzeptiert, nimmt auch die des anderen an. Jesus hat am Kreuz für die Vergebung seiner Mörder gebetet: »Vergib ihnen, Vater, denn sie wissen nicht, was sie tun!« (Lk 23, 34)

Wir sind keine Übermenschen. Was der Verstand vermag, kann unser Herz oft lange nicht nachvollziehen; deshalb sind wir genötigt, im Blick auf unsere Gegner erst einmal vom Verstand her zu fragen: Wie hätte ich an seiner Stelle gehandelt? Wie tief muß er vorher verletzt worden sein, daß er jetzt so aggressiv, so hinterhältig geworden ist? Was habe

ich dazu beigetragen? Wenn wir in den Pantoffeln des anderen gehen, spüren wir eher die Not, die hinter seinen Angriffen und Verhaltensformen steckt. Keiner ist abgrundtief schlecht, eher verzweifelt, oft mißverstanden, manchmal alleingelassen in seinen Enttäuschungen und Ängsten.
In den zwölf Jahren meiner therapeutischen Praxis haben sich manche Partnerstreitigkeiten abgespielt; manche Generationskonflikte wurden ausgetragen. Solche Auseinandersetzungen sind wichtig und heilsam, wenn sie fair ausgetragen werden und zur besseren Selbsterkenntnis führen.
»Ich bin doch nur so aggressiv und zornig, weil ich dein Schweigen nicht ertragen kann!« – »Und ich bin so schweigsam, weil du immer so aggressiv und zornig bist!«
Nicht immer gelang die Versöhnung. Nicht immer waren die Menschen bereit, die leidvollen Stunden, Wochen oder Jahre nachträglich anzunehmen und vor Gott zu bringen mit der Bitte um Vergebung füreinander. Wo gebetet wurde, lösten sich zurückgehaltene Tränen, brach verdrängter Zorn auf, kam es zur Reinigung und Klärung verschwiegener Sehnsüchte und Hoffnungen.
Nach außen hin kann sich die Bereitschaft, jederzeit zu vergeben, als Schwäche und Torheit präsentieren. Wer sich selbst nicht achtet, läuft Gefahr, Gleichgültigkeit dem anderen gegenüber als großzügige Versöhnungsgeste zu »verkaufen«. Nur wer sich selbst liebt und ehrt, kann auch echte Versöhnung üben. Der von Gott geführte Mensch verliert allmählich seine Komplexe. Das kann ich auf Grund vieler Beobachtungen und Selbsterfahrungen bestätigen. Er wird befähigt, seinem größten Feind zu vergeben, ohne daß ihm ein Zacken aus der nicht vorhandenen Krone fällt.

Besondere Geistesgaben

Zu allen Zeiten hat es Menschen gegeben, die mit besonderen Fähigkeiten ausgezeichnet waren. Im Augenblick gilt die Aufmerksamkeit der breiten Masse den Wahrsagern, Hellsehern, Zeichendeutern, den modernen Hexen und

Heilern. In den meisten Fällen handelt es sich um Scharlatane, Betrüger, Manipulatoren und geschickte Illusionisten, aber auch um Okkultisten, die sich bewußt mit dämonischen Mächten verbinden. Ihre Gaben sind entweder hausgemachte Scheinfähigkeiten, mißbrauchte paranormale Talente oder dämonische Leihgaben zur Täuschung der »Kunden«.

Menschen, die sich Gott ausliefern, haben mitunter ähnlich aussehende Gaben wie Hellsehen, Voraussehen, Heilen und Gedankenlesen. Der Unterschied liegt in der Herkunft der Gabe, in ihrem Gebrauch, in der Motivation ihrer Anwendung und in ihren Früchten.

Gott schenkt solche Gaben unabhängig vom Heiligkeitsgrad des Betreffenden. Er möchte jeden Menschen in seinen Dienst nehmen zur Heilung des Einzelnen, zur Stärkung der Gemeinschaft und zum Aufbau seines Reiches. Auch der Satan will jeden dienstbar machen, aber zur Abhängigkeit des Einzelnen, zur Verwirrung der Gemeinschaft und zur Zerstörung des Reiches Gottes. Und dazu sind ihm die frömmsten Mittel recht.

Jeder von uns hat eine Menge Talente, natürliche Gaben, die es zu erkennen, auszubilden und einzusetzen gilt. Solche Gaben können sein: Musizieren, Malen, Trösten, Zuhören, Organisieren, Singen, Schreiben, Lehren, Tanzen und viele andere. Darüber hinaus schenkt Gott dem Menschen besondere Gaben, um die wir getrost und mutig bitten dürfen. »Bemüht euch um die höheren Gaben!« schreibt Paulus im ersten Korintherbrief (12, 31).

Wir könnten in unseren Gemeinden und Gebetsgruppen wesentlich mehr begabte Christen haben, wenn die Angst nicht so groß wäre, die Angst vor der Hingabe an Gott und vor den möglichen Konsequenzen eines Lebens unter seiner Führung.

Als ich zum ersten Mal in einem Gottesdienst eine Gruppe Jugendlicher in fremden, unbekannten Sprachen singen hörte, war ich zunächst befremdet, verunsichert. Was war das? Mir kam das Pfingstereignis in Apg 2, 12 in den Sinn.

Doch die geistliche Atmosphäre und die Freude der jungen Leute überzeugten mich von der Echtheit des Geschehnisses. Ich hätte in diesem Moment niemals gedacht, daß Gott mir selbst diese Gabe der Glossolalie (Beten in unbekannten, fremden Silben) ein Jahr später schenken würde. Es ist das »unaussprechliche Seufzen« des Heiligen Geistes, der für uns bei Gott eintritt »mit einem Flehen, das sich nicht in Menschenworten ausdrücken läßt« (Röm 8, 26 b).

An dieser Stelle weise ich auf das kleine Buch »Die Gaben des Heiligen Geistes« von Hans Buob hin oder auf das ausführliche Werk von Norbert Baumert »Gaben des Geistes Jesu«, so daß ich mir hier breite Darstellungen ersparen kann.

Als ein junges Mädchen zum ersten Mal vom Sprachengebet hörte und davon, daß jeder Christ um Geistesgaben beten sollte, schlich sie sich heimlich auf den Dachboden und bat Gott um die Gabe des Sprachengebets. Sie tat den Mund auf und konnte plötzlich in fremden Worten beten. Ihre geistliche Offenheit und Natürlichkeit erlauben eine positive Bewertung dieses Vorgangs. Hier ging es nicht um Selbstdarstellung oder gar um hysterische Reaktionen. Das gesamte Erscheinungsbild des Mädchens überzeugte in der Echtheit und Schlichtheit ihres Glaubens.

Das Sprachengebet kann Dank, Lobpreis, Fürbitte und Anbetung zum Inhalt haben. Es ist das Gebet des Herzens, das überfließt, weil der Mund »sprachlos« geworden ist angesichts der Größe Gottes.

Weitaus wichtiger aber für den Aufbau der Gemeinschaft und für die Stärkung des Glaubens ist die Gabe der Prophetie, die mit Hellseherei und Zukunftsdeutung nichts gemeinsam hat, auch wenn vereinzelt Ankündigungen von Ereignissen und Erkenntnis verborgener Dinge vorkommen. Prophetie ist ein Sprechen im Namen Gottes, eine Offenbarung in Form einer Ermahnung, einer Ermutigung oder Handlungsanweisung.

So mancher geisterfüllte Beter spürt in sich den Drang, etwas mitteilen zu sollen; es läßt ihm keine Ruhe. Aber aus

Angst vor negativen Reaktionen schweigt er. Wer solchen Drang in sich verspürt, sollte seine Worte erst von einem Priester oder von anderen Gläubigen prüfen lassen; denn manchmal können auch persönliche Motive mitschwingen und zu Verfälschungen führen. Eine typische Prophetie lautet: »Öffnet eure Herzen; ich will euch mit meiner Freude erfüllen. Habt keine Angst; ich bin bei euch!«

Wer so spricht, spricht im Auftrag Gottes. Prophetie ist Aufruf zur Umkehr, zur Hinwendung zu Gott, mitunter auch Aufdeckung und Mahnung, stets verbunden mit einem göttlichen Zuspruch. Ich hörte einmal ein solches Wort: »Einer ist unter uns, der noch ein tiefes Mißtrauen Gott gegenüber hat. Der Herr will ihn heilen und befreien. Der Herr bittet ihn, die Beziehung zu einem bestimmten Menschen abzubrechen und sich vertrauensvoll Gott zuzuwenden.« Etwas später meldete sich ein Mann, der sich angesprochen fühlte, auch genau wußte, um welche Beziehung es sich handelte. Er erneuerte vor allen Gäubigen sein Taufversprechen und ging gestärkt nach Hause.

Prophetien können bei ungeistlichen Menschen Ängste oder eine ungesunde Neugier wecken. Daher ist es geraten, solche Eingebungen stets prüfen zu lassen oder auch durch inhaltlich ähnliche Impulse bei Anwesenden abzusichern.

Schließlich will ich die Gabe der Heilung nennen, die Gott weitaus mehr Menschen schenken möchte, als sich zur Verfügung stellen. Hier blockieren Angst oder der Hang zur Selbstdarstellung. Nicht jeder, der händeauflegend über Menschen betet, hat auch die Gabe der Heilung. Es ist aber durchaus denkbar, daß Gott sie ihm eines Tages schenkt. Doch gilt es auch hierbei zu unterscheiden; denn auch der Dämon kann heilen. Immer wieder muß das Umfeld und das geistliche Leben eines solchen Menschen geprüft werden; dennoch muß er nicht zwangsläufig ein Heiliger sein.

Heilung meint zuerst einmal innere Heilung, also die Vergebung der Schuld, die Erkenntnis seiner Schatten, das Aufbrechen geistlicher Mauern und die Umkehr zu Gott. Dann ist in der Regel auch die äußere, körperliche Heilung mög-

lich. »Ist einer von euch krank, soll er die Ältesten der Gemeinde rufen, damit sie für ihn beten und ihn im Namen des Herrn mit Öl salben. Ihr vertrauensvolles Gebet wird den Kranken retten. Der Herr wird ihn gesund machen und ihm vergeben, wenn er Schuld auf sich geladen hat« (Jak 5, 14).
Gott will auch heute noch seine Wunder tun, das heißt Zeichen seiner Liebe schenken. Er verteilt seine Gaben wie er will, nicht nur zum Nutzen dessen, der sie hat, sondern zum Nutzen der ganzen Gemeinde. Es ist also heilsam, um die Geistesgaben zu beten, dabei aber auch selber zur Verfügung zu stehen, nicht aus selbstsüchtigen Motiven heraus, sondern zur Ehre Gottes und zum Heil der Menschen.

Es ist wichtig für das geistliche Wachstum einer Gruppe, daß jeder seine Gaben und Aufgaben kennt, sonst tritt sie treu auf der Stelle. Die vielfältigen Tätigkeiten dürfen nicht immer an einer Handvoll Leute hängenbleiben. Raus aus der introvertierten Frömmigkeit, die nur konsumieren oder repräsentieren will! Spiritualität bedeutet Kreativität. Auch ist es nicht angeraten, zu voreilig über Leute handauflegend zu beten.

Ich beobachte hierbei manchmal, daß gewisse Leute nicht nur einen Hang haben zum raschen »Überbeten«, sondern auch dazu neigen, in überbehütender Weise sich Menschen einzuverleiben und zum Objekt ihrer religiösen Sorge zu machen. Solche pathologischen Symptome fordern eine Erneuerung der Erneuerung. Der Charakter kann das Charisma verderben, das heißt eine noch so wichtige Gabe kann von ihrem Träger »verunreinigt« werden, wenn diese starke neurotische Züge aufweist. Der stets überbesorgte »Prophet« oder »Heiler« macht nicht den Geist Gottes zum Handelnden, sondern sich selbst.

Während die einen aus Angst vor Blamage wertvolle Gaben zurückhalten, laufen andere Gefahr, sich zu sehr in den Vordergrund zu stellen. Hier bedarf es noch vieler Übung und sensibler Führung durch den Heiligen Geist und – durch den Leiter der Gebetsgruppe.

Merkmale des geistlichen Menschen

Die Merkmale des geistlichen Menschen unterscheiden sich in wesentlichen Punkten von denen des Durchschnitts-Christen, der oft in unbewußter Selbstgefälligkeit und mit einem religiösen Mindestmaß dahinlebt. Es geht im echten christlichen Leben nicht allein darum, das Böse zu meiden, sondern vor allem darum, das Gute zu tun und die Forderungen Jesu zu leben. Das heißt: Unabhängig von augenblicklichen Gefühlen sein (»Ich bete nur, wenn ich Lust dazu habe«), frei von projektiven Abwehrmechanismen seiner Bequemlichkeit oder Angst sein (»Die gehen doch nur zur Kirche, um gesehen zu werden«), kompromißlos sein (»Man wird doch noch Wahrsager fragen dürfen«).

Der geistliche Mensch bittet im täglichen Gebet um den Geist Gottes, der ihm Einsicht, Liebe, aber auch Bekennermut und Opferbereitschaft schenken möge. Er betet hinhörend auf das Wirken Gottes, das sich in sogenannten Zufällen und Fügungen ereignet. Er liest die Bibel im Hinblick auf das, was Gott ihm dadurch sagen will. Er drängt seine religiöse Lebenseinstellung und frommen Einsichten nicht auf, aber er fühlt sich für gewisse Mitmenschen verantwortlich, für die er im Gebet eintritt.

Vor schmerzlichen Auseinandersetzungen und notwendigen Klärungsprozessen scheut er sich nicht; er nimmt es in Kauf, falsch verstanden oder abgelehnt zu werden, wenn er aus gläubiger Haltung heraus unattraktiv handelt. Große Verteidigungsreden wird er dann kaum halten.

Was ihn immer wieder bedrückt, gleichzeitig aber zum Weitermachen motiviert, ist das Bewußtsein seiner Sündhaftigkeit; infolge seiner ständigen Bemühung, Gott näherzukommen, empfindet er seine Schwächen deutlicher, so daß er manchmal glaubt, auf der Stelle zu treten. Ihm ist am Kontakt mit gleichgesinnten Christen gelegen; die Suche nach christlicher Wohngemeinschaft, nach gemeinsamen spirituellen und profanen Aktivitäten kann Zeichen seines geistlichen Aufbruchs sein.

Manchmal verspürt er besondere »Gotteserfahrungen«, das heißt Anrufe Gottes, die ihn zu besonderen Aufgaben (be-) rufen; mitunter läuft er Gefahr, solche Erfahrungen fehlzudeuten oder mit seinem eigenen Wunschdenken zu vermischen. Deshalb braucht er Korrekturmöglichkeiten, die er sich nehmen soll in Gesprächen mit Fortgeschrittenen, in regelmäßiger Gewissenserforschung.
Er läuft keineswegs mit einem Dauerlächeln umher, denn er ist nicht frei von Sorgen und Versuchungen. Aber er kann diese graue Seite seines Lebens mit dem Glauben an die versprochene Hilfe Jesu aufhellen und erträglich machen. Für ihn gibt es immer einen Ausweg aus der Krise.
Er hält sich fern von unklar definierten Meditationsangeboten und von spirituellen Schulungen, die die Christozentrik missen lassen. Dabei orientiert er sich mitunter an seinem Instinkt; es kann sein, daß er dabei sehr konservativ wirkt. Im Zweifelsfall wird er seine Finger von (pseudo)religiösen Angeboten lassen: In dubio pro deo.
Dabei muß er keineswegs weltfremd, introvertiert oder eigenbrötlerisch sein. Im Gegenteil: Wenn er psychisch und geistig gesund ist, wird er mit seiner Offenheit und mit seinen Fähigkeiten die Menschen anziehen, um sie dann Gott anzuvertrauen.
Er ist nicht frei von Fehlentscheidungen und menschlichen Charakterschwächen. Manchmal brechen sie durch und können bei den Freunden und stillen Beobachtern zu großen Enttäuschungen führen. Dies ist vielleicht sogar für seine geistliche Reife notwendig: Mißerfolge verhindern Hochmut. Und bei jeder Ausrichtung der Antenne auf Gott darf die Erdung nicht vergessen werden.
Der geistliche Mensch ist nicht sauertöpfisch darauf bedacht, jedweden Fehler zu vermeiden. In vielen Aktivitäten des Alltags fällt er nicht besonders auf, es sei denn durch Offenheit, durch das Fehlen regressiver Verhaltensweisen wie Beleidigtsein, Schmollen, Flüchten vor einer Aufgabe.
In bestimmten Punkten ist er unerbittlich konsequent und »konservativ«, das heißt: die Wahrheit verteidigend. So lehnt

er selbstverständlich die Abtreibung ab, wird sein Glück nicht am Roulettisch eines Spielcasinos versuchen und wird dubiose Diskotheken, zweifelhafte Kneipen meiden. Kurz: Der geistliche Mensch fühlt sich für das Reich Gottes verantwortlich; dafür riskiert er etwas. Er hat keine Angst vor dem Streß des sozialen Engagements, dem er sich mutig aussetzt. Er denkt, bevor er handelt, und betet, bevor er denkt.

ZUR UNTERSCHEIDUNG DER GEISTER

Die langjährige theoretische und praktische Beschäftigung mit Grenzfragen der Psychologie, mit Okkultismus und Esoterik, erlaubt es mir, persönlich zu dieser Thematik Stellung zu nehmen, wenngleich auch sehr knapp und für manchen Leser wohl unbefriedigend. Aber eine detaillierte Darstellung würde das Thema dieses Buches sprengen. Ich verweise auf die entsprechende Fachliteratur, die im Anhang des Buches angegeben ist.
Als ich durch die Beschäftigung mit dem Paranormalen den Grenzbereich zum Okkultismus betrat und die Leitung eines solchen Arbeitskreises in Salzburg übernehmen sollte, wurde mir – ich weiß heute nicht mehr wieso – die Gefährlichkeit dieses Unternehmens klar. Ich brach sämtliche Experimente ab, die übrigens keinem der Beteiligten in irgendeiner Weise nützlich gewesen waren. Heute glaube ich, daß Gott selber mir den verhängnisvollen Weg in die okkulte Abhängigkeit versperrt hat.
Das zunehmende Interesse an okkulten Praktiken macht jedoch eine nüchterne und differenzierte Aufklärung erforderlich; mir scheint nämlich, daß ein großer Teil derer, die sich auf dieses verwirrende Territorium begeben, die Gefahren nicht erkennt. Darunter sind auffallend viele Jugendliche, auch solche, die darin keinen Widerspruch zu ihrem

christlichen Glauben sehen. Neugier, Verzweiflung oder religiöse Enttäuschung sind die möglichen Motive eines solchen gefährlichen und durchweg unchristlichen Tuns. Sie vergessen in ihrer Ahnungslosigkeit, die ich ihnen jetzt einmal unterstellen möchte, daß sie sich auf Abwege begeben, die sich zunächst recht fromm und harmlos darstellen, bald aber in eine verhängnisvolle Abhängigkeit führen.

Eine Dame berichtete mir von ihrem ersten, erfolgreichen Versuch, mit Hilfe des Ouija-Brettes Verbindung mit einem Geist aufzunehmen. Auf ihre Frage, was sie als nächstes zu tun habe, erhielt sie die Antwort: Geh beichten! Daraus schloß sie auf den positiven Charakter des Geistes und überhaupt eine christliche Rechtfertigung ihres Tuns. Denn, so meinte sie, »der Teufel kann doch wohl kaum zur Beichte raten!«

Nun muß hier keineswegs der Dämon am Werk sein. Es können auch paranormale Kräfte des Menschen selber aktiviert werden, die nichts mit Gott oder Satan zu tun haben müssen. Gerade fundamentalistisch denkende Christen neigen zu rasch zu einer dämonologischen, spiritistischen Deutung solcher Phänomene. Andererseits kann ein diabolisches Wirken nicht stets ausgeklammert werden, tarnt sich der Teufel (deutsch: Durcheinanderwerfer) doch auch als »Engel des Lichts« (2 Kor 11, 14), um zu täuschen, zu verwirren, zu binden.

»Es ist seltsam, doch oftmals sagen uns die Werkzeuge der Finsternis die Wahrheit, gewinnen uns mit aufrichtigen Kleinigkeiten, um uns in letzter Konsequenz doch zu betrügen!« (Macbeth 1. Akt, Szene 3)

Woran läßt sich nun erkennen, was von Gott ist und was nicht? Gibt es Kriterien zur Unterscheidung der Geister?

Es gibt sie, jedoch vermitteln auch sie uns keine vollständige Gewißheit. Mitunter reichen auch das subjektive Empfinden und der Instinkt, derer sich Gott bei geistlich orientierten Menschen besser bedienen kann. Immerhin läßt sich mit dem folgenden Raster sehr hilfreich klären, aus welcher Richtung der Geist weht:

1. Deckt sich mein Tun mit den Aussagen in der Bibel?
2. Werde ich dabei von Ruhe, Freude, Gelassenheit begleitet?
3. Macht es mich im nachhinein freier, unabhängiger?
4. Führt es mich näher zu Gott, zur Kirche?
5. Entwickle ich dabei eine größere Liebe und Demut?
6. Ist mein Tun einfach, klar und unkompliziert?

Wenn ich diese Fragen klar bejahen kann, habe ich nichts zu befürchten. Ich muß aber auch bereit sein, mich von gläubigen Vertretern meiner Kirche belehren zu lassen. Ein stures Beharren auf meiner Meinung widerspricht der Forderung nach Demut.
Eine kirchlich engagierte Frau behauptete, Visionen zu haben und allerlei merkwürdige Dinge zu erleben. Ihr gesamtes Auftreten war überzeugend, ihre Worte glaubwürdig. Es gab eigentlich keinen Grund, sie der Lüge oder Hysterie zu bezichtigen. Dann aber stellte sich heraus, daß sie sich in ihren religiösen Auffassungen, in ihrem Glauben an Seelenwanderung und Geisterkult an die Ideen des ehemaligen Priesters und Vertreters esoterischer Lehren, Johannes Greber, hielt. Und zwar unerbittlich. Sie ging auf keine Belehrung ein, wies biblische Gegenargumente ab und versuchte jede sachliche Information mit einem »Aber« wegzudrängen. »Sie können mir vieles erzählen, und es mag ja auch stimmen, was Sie sagen, aber in diesem Punkt lasse ich mir nicht dreinreden.« Ich hatte das Gefühl, daß sie sich in den attraktiven Irrlehren des Johannes Greber verfangen hatte.
Wer die Wahrheit erfahren möchte, sollte niemals Geister befragen, Sterne deuten oder sonstige okkulte oder magische Handlungen vornehmen. Das Studium der Bibel, das Gebet und ein beharrliches Vertrauen auf Gott schenken ihm alles, was er braucht. Gott verbietet seinem Volk ausdrücklich jede eigenmächtige Verbindung mit jenseitigen Wesen beziehungsweise jeglichen Versuch, eigene Kräfte anzuheizen, um ihm in die Karten schauen zu wollen.

»Bei dir darf sich niemand finden, der seinen Sohn oder seine Tochter durchs Feuer gehen läßt, keiner, der Wahrsagerei, Zeichendeuterei, Geheimkünste, Zauberei betreibt, keiner, der Bannungen vornimmt, Totengeist und Wahrsagegeist befragt, die Verstorbenen um Auskunft angeht. Denn ein Greuel für Jahwe ist jeder, der solches tut... Ganz treu sollst du Gott gegenüber sein« (Deut 18, 10–13). Wer das aber tut, der »sieht nur Not und Finsternis und angstvolles Dunkel und nichts als Nacht« (Is 8, 22).

Das sind ernstzunehmende Worte Jahwes, die aktueller denn je sind. Wer eine gute und ausgewogene Darstellung über die Phänomene des Bösen lesen will, dem empfehle ich das Buch von Leon Kardinal Suenens, »Erneuerung und die Mächte der Finsternis«. Er ist in seinem Urteil sehr vorsichtig, nicht voreilig, nicht pauschal, nicht so übertrieben wie etwa van Dam oder McNutt. Suenens schreibt: »Es ist nicht vernünftig, alle diese Phänomene [Symptome der Besessenheit, Geistesstörungen, Geistererscheinungen u.a. Der Verf.] summarisch als diabolische Äußerungen anzunehmen; es ist aber auch nicht vernünftig, sie summarisch als Äußerungen von Hysterie oder Halluzinationen zurückzuweisen. Das erste ist die Versuchung des übernatürlichen, das zweite die des rationalistischen Typs.« (S. 47)

Die obengenannten Handlungen sind ohne Zweifel dem okkulten Bereich zuzuordnen. Sie dienen der Verbindung mit jenseitigen Mächten zu dem Zweck, künftige Ereignisse zu erfahren, Macht über Menschen auszuüben, das Schicksal zu beeinflussen. Dazu gehören Tischrücken (sogenannte Séancen), Glasrücken, Quija-Brett, Geisterstimmenfang auf Tonband, automatisches Schreiben und alle medialen Handlungen in Trance. Wer solches tut, muß sich nicht wundern, wenn

1. die seelischen Kräfte ein paranormales Eigenleben zu führen beginnen,
2. eine krankmachende Abhängigkeit entsteht und

3. schwere seelische, körperliche oder geistige Störungen eintreten, die über Generationen hinweg erblich sein können.

Ein Christ, der sich ausschließlich auf Gott verläßt, hat es nicht nötig, bei Götzen anzufragen und seine Neu- oder Machtgier zu befriedigen. Deshalb wird er es ablehnen, Wahrsager aufzusuchen, die mit Hilfe von Tarotkarten, Kristallkugeln, Handlinien, Gestirnkonstellationen (Horoskopen) und ähnlicher Magie Geheimnisse preisgeben. Auch wird er jegliche Versuche meiden, die Heilungen versprechen mit Hilfe einer magisch erworbenen Fähigkeit, auch wenn sie sich noch so christlich und seriös tarnt, zum Beispiel durch Reiki, Voodoo, Transzendentale Meditation, durch die philippinischen Wunderheiler oder mit fragwürdigen esoterischen Methoden.
Bezüglich Pendel und Wünschelrute läßt sich sagen, daß sie in den Händen sensitiver Menschen tatsächlich auf Erdstrahlen und bestimmte Schwingungen reagieren. Dies ist weder magisch noch dämonisch, sondern physikalisch erklärbar. Leder isoliert, das heißt mit Lederhandschuhen lassen sich diese Strahlen und Adern nicht mehr feststellen.
Natürlich können paranormale Fähigkeiten wie Hellsehen hinzukommen; dann entdeckt der Pendler oder Wünschelrutengänger Dinge, die sonst nicht mehr erklärbar sind. Hier gibt es nichts Dämonisches hineinzudeuten. Allerdings können labile Personen (auch die Auftraggeber) in Abhängigkeit geraten, wenn sie versucht sind, alles mit dem Pendel und der Wünschelrute zu hinterfragen, auch die Zukunft. Und dann sind Pendel wie Wünschelrute »Einstiegsdrogen« für destruktive Machenschaften.
Die Gefahr ist groß, daß bei solchen Handlungen die Grenzen überschritten werden und die psychischen Kräfte des Betreffenden ihr unkontrolliertes Eigenleben beginnen. Dann bekommt man Geister, die man beschwor, in der Tat nicht mehr los. Hier ist sehr entscheidend, wer dies mit welchem Ziel tut. Im Zweifelsfall Finger weg: In dubio pro deo.

Was nun Telepathie (Gedankenübertragung), Telekinese (Fernbewegung), Hellsehen, Präkognition (Voraussehen) und andere paranormale Phänomene betrifft, so ist zu sagen, daß sie zunächst einmal in den Bereich der parapsychologischen Forschung gehören. Immerhin treten solche Erscheinungen auch bei geisterfüllten Menschen auf. So schreibt man dem süditalienischen Kapuzinerpater Pio die Gaben der Levitation (Schweben) und des Hellsehens zu. Theresa von Konnersreuth zeigte eine Fülle unerklärlicher Fähigkeiten, ebenso der Apostel Paulus. Vom Propheten Elijas wird berichtet, daß er plötzlich in Sekundenschnelle an einem ganz anderen, weit entfernten Ort weilte (1 Kön 18, 12); dasselbe geschieht dem Propheten Ezechiel (Ez 8, 3). Es wäre reichlich naiv und unsinnig, hier jedesmal von einem dämonischen Treiben zu sprechen.
Solche paranormale Erscheinungen sind zunächst einmal völlig wertneutral. Ich kann sie mißbrauchen oder in verantwortlicher Weise gebrauchen.
Gott bedient sich seiner eigenen Gesetze, die uns nicht alle erschlossen sind. Gewiß macht auch der Satan davon Gebrauch, weiß er doch als abgefallener Engel um diese Gesetze und ihre Bedingungen. Wir müssen es einfach hinnehmen, daß es Äußerungen gibt, die zweideutig sind, und daß kein Symptom den zwingenden Schluß auf eine nur dämonische Einwirkung erlaubt.
Wer durch glühende Kohlen geht, um zu beweisen, daß Konzentrationskraft Schmerz ausschalten kann, ist nicht gleich ein Okkulist. Dennoch rate ich von solchen Experimenten ab, weil sie keinerlei Vorteile bringen und bei labilen Personen seelische Gefahren heraufbeschwören können. Die in Dt 18, 10 erwähnte Feuerprobe meint eine Herausforderung Gottes: Ich nötige ihn, mir ein Zeichen zu geben beziehungsweise dämonische Mächte an mir wirken zu lassen. So ist ja auch das mittelalterliche »Gottesurteil« der Inquisition ein Mißbrauch des Glaubens. Schwimmt beispielsweise die vermeintliche Hexe trotz Fesselung auf dem Wasser, so ist sie mit dem Teufel im Bunde und muß ver-

brannt werden. Geht sie unter und ertrinkt, so war sie doch keine Hexe. In jedem Fall ist sie tot. Solche Verfahrensweisen beleidigen Gott und verletzen die menschliche Würde.

Zwischen konzentrativer Übung normaler Fähigkeiten (zum Beispiel im Autogenen Trainung oder beim sogenannten Superlearning) und medialer Hingabe an Geistwesen ist zu unterscheiden. Im ersten Fall vertraue ich meiner gedanklichen Fähigkeit, im zweiten Fall binde ich mich an jenseitige Mächte. Die Unterscheidung ist dem Beobachter oft unmöglich, da verborgene Motive mitspielen. An den Früchten läßt sich spätestens erkennen, woher der Geist weht.

Willkürlich medial gesuchte Informationen (bei spiritistischen Sitzungen etwa) können sich nach außen hin genau so präsentieren wie spontane Eingebungen (Inspirationen) bei geistlich geführten Menschen. Denn Satan äfft nach.

Allerdings ist es ein Unterschied, ob ich paranormale Phänomene spontan an mir erlebe oder mittels Trance und anderer medialer Methoden zu erlangen versuche. Letzteres ist abzulehnen. Eine Dame in Salzburg hatte von Zeit zu Zeit die spontane Gabe, den Tod von Verwandten und Freunden vorauszuträumen. Da ihr das sehr unangenehm war, bat sie Gott darum, ihr diese Vorausschau (Präkognition) zu nehmen. Von da an hörte es auf. Jeder kann darüber seine eigene Meinung haben; ich sehe mich außerstande, hier eindeutig entweder von okkulten oder von geistlichen Kräften zu sprechen.

Was die Augendiagnose betrifft, das Autogene Training und die Akupunktur, so sehe ich hier keinen Grund, sie im okkulten Bereich anzusiedeln, wie man gelegentlich zu lesen und hören bekommt. Natürlich gibt es Scharlatane, die solches zum Unheil des Patienten anwenden. Es handelt sich hier nicht um geheime Künste oder um magischen Firlefanz, vielmehr um ein fachlich erlerntes Können, das sich wissenschaftlich erklären läßt. Manche Christen neigen in übertriebenem Maß dazu, alles zu dämonisieren, was asiatischen und somit heidnischen Ursprungs ist beziehungsweise

was andere Kulturen zu okkulten Zwecken einsetzen. Allzu vorschnell wird hier eine Dämo-kratie betrieben, die jeder geheimnisvoll erscheinenden Wissenschaft die Tür vor der Nase zuschlägt.
Ich selbst erteile seit über zehn Jahren Kurse in Autogenem Training. Mir ist kein Fall bekannt geworden, der negative Folgeerscheinungen zeigte. Und sollte jemand hinterher Kopfschmerzen, Unruhe und Herzklopfen verspürt haben, so gibt es dafür eine sehr plausible, keineswegs diabolische Erklärung. Das Autogene Training ist eine sehr einfache körperliche Entspannungsmethode, die nichts mit Trance, Bewußtseinserweiterung oder Willensausschaltung zu tun hat. Ich mache immer wieder die Erfahrung, daß gerade die Halb- oder Fehlinformierten negative Aussagen über das Autogene Training machen oder sich dabei auf fundamentalistische, dämonologische Meinungen bestimmter Autoren stützen.
Dieselben Kreise behaupten, Akupunktur öffne den bösen Mächten Tür und Tor und sei daher okkult. Was ist Akupunktur? Die alte chinesische Heilkunst hat herausgefunden, daß im Körper Nervenbahnen verlaufen, die auf der Hautoberfläche heraustreten. Es gibt also winzige Aus- und Eingänge auf unserer Haut. Werden diese Poren mittels Nadeln stimuliert, so können sich Selbstheilungskräfte entwikkeln. Füllt man mit Radium gekennzeichnetes Jod in die Punkte, so wandert dieses Jod durch die Nervenbahnen (Meridiane). Das läßt sich mit dem Geigerzähler verfolgen. Nicht alle Patienten sprechen auf diese Heilmethode an. Aber auch die Medikamente wirken nicht immer. Ich weiß beim besten Willen nicht, was hier unbiblisch oder gefährlich sein soll.
Die Argumentation gegen Akupunktur und andere »heidnische« Gebräuche beruht stets auf derselben Logik:
Was unchristlichen Ursprungs ist oder gar zur Magie verwendet wurde, kann ein Christ niemals übernehmen, selbst dann nicht, wenn er es vom religiösen Hintergrund abkoppelt. Entscheidend ist aber immer das jeweilige Motiv!

Sonst wird auch der Weihrauch zum Produkt dämonischen Wirkens, weil er ja ursprünglich heidnischen Göttern dargebracht wurde, ebenfalls in Verbindung mit magischen Handlungen. Also: Christen, die Weihrauch benutzen, machen sich zum Werkzeug des Satans.
So geht es nicht!

Hypnose

Hierüber kursieren erstaunliche Unkenntnisse. Da wird vom magischen Blick des Hypnotiseurs gesprochen, von Zauberei, vom Abschalten des Willens, von einer besonderen Gabe, von Trance. Unseriöse Bühnenhypnotiseure mögen ja vielleicht derlei Unsinn vorgaukeln. Und vor solchen Experimenten warne ich.
Hypnose in der Hand des ausgebildeten Hypnotherapeuten hat nicht das geringste mit einer besonderen Begabung zu tun: Weder der magische Blick noch die oben erwähnten Punkte treffen zu. Die Hypnose ist vergleichbar mit dem Zustand kurz vor dem Einschlafen. Dieser Zustand wird künstlich erreicht durch ständiges Einreden auf den Patienten, durch das Anschauen einer Farbkontrasttafel oder durch Fixierung auf einen sich bewegenden Gegenstand. Das Schauen in die Augen ist unseriös.
Eine Mutter, die ihr Kind hin- und herwiegt, dabei summt, macht nichts anderes. Während dieses Halbschlafes suggeriert der Therapeut dem Patienten Worte der Entspannung ein. In dieser Phase kann wohl ein Scharlatan oder ein Verführer einen labilen Menschen belasten und an sich binden. Er wird ihn aber niemals zu einer kriminellen Handlung verführen können, sofern der Patient nicht schon latent kriminell ist. Willensschwache, drogensüchtige und hysterische Personen sind für eine hypnotische Behandlung nicht gut geeignet.
Im allgemeinen lassen sich Schlafstörungen, Schmerzen, negative Lebenseinstellungen und psychosomatische Störungen hypnotisch gut beeinflussen. Auch hier gilt: Wer wendet

diese Therapieform an? Wie macht er es? Wozu? Wenn van Dam schreibt, daß Hypnose in einigen Fällen zum Erwerb okkulter Fähigkeiten geführt habe, und daher insgesamt von ihr abrät, so muß man auch den Alkohol generell verbieten, da es immer wieder Fälle von Abhängigkeit gibt. Alles läßt sich mißbrauchen! Ein vernünftiger Mensch wird stets vorher Erkundigungen einziehen über den Arzt oder Psychotherapeuten, dem er sich in so intimer Weise anvertrauen will.

Ich selbst praktiziere unter anderen Verfahren auch die vertiefte Ruhebehandlung mit bildhaften Vorstellungen, ähnlich dem katathymen Bilderleben. Der Patient wird angeleitet, sich zu entspannen und sich zum Beispiel eine Begegnung mit Jesus vorzustellen, in der ihm eine Botschaft übermittelt wird. Kontrollen am Biofeedbackgerät (es mißt den Hautwiderstand), anschließende Gespräche mit Auswertung der gedanklichen Erlebnisse verhelfen mir zu einer möglichen Korrektur im therapeutischen Vorgehen. Während der Patient sich entspannt, bitte ich Gott um seinen Beistand und um Fernhalten jeglicher Störungen.

Der Begriff Hypnose macht vielen Angst, da er durch Schauergeschichten und verbreitete Falschmeldungen in Mißkredit geraten ist. In den Händen eines verantwortungsbewußten christlichen Therapeuten kann sie gute Dienste leisten. Es ist allerdings Unsinn, mit einer einzigen hypnotherapeutischen Sitzung das Rauchen oder die Eßsucht heilen zu wollen, was unseriöse Inserate versprechen. Sollte das funktionieren, so beweist das allenfalls die hohe Erwartungshaltung des Patienten.

Finger weg von Bühnenhypnotiseuren, die jetzt auch schon in Diskotheken und Schulen auftreten und in der Tat schauerliche Szenen darbieten. Das scheinmagische Brimborium, das sie inszenieren, vermittelt den Zuschauern genau jene Vorstellung, die alles andere als klar, einfach und unkompliziert ist.

Auch sind die sogenannten Regressionshypnosen abzulehnen, in denen einer in sein angebliches früheres Erdenleben

zurückversetzt wird. Noch so verblüffende Ergebnisse vermögen die Seelenwanderung nicht zu beweisen; ebenso können vererbte, schlummernde oder früher gelesene und gehörte Informationen mitspielen. Bei diesen hypnotischen Trancezuständen habe ich kein beruhigendes, entspanntes oder sonstwie positives Gefühl.
Die Notwendigkeit einer Trance, also die Ausschaltung des persönlichen Bewußtseins und das Geführtwerden von Geistwesen, steht nicht im Einklang mit der Heiligen Schrift. Sie ist nicht zu verwechseln mit ekstatischen Zuständen, wie sie manche Heilige haben. Solche spirituellen »Verzückungen« dienen der tieferen Erkenntnis Gottes und der intensiven Erfahrung seiner Liebe; sie sind keine Mittel zur Verbindung mit Verstorbenen oder jenseitigen Mächten zwecks Absicherung der Zukunft, Befriedigung der Neugier, Gewinn von Einfluß und Macht auf die Mitmenschen.
In seinem äußerst aufschlußreichen Buch »Wir wollen doch nur deine Seele« entlarvt der ehemalige Rocksänger U. Bäumler die okkulten Machenschaften mancher Rockmusikgruppen, in denen Satanskult, magische Riten und Rhythmen bewußt eingesetzt werden, um einen tranceartigen Zustand zu erreichen, der für viele Voraussetzung zu okkulten Einsichten ist.
Die therapeutische Hypnose bedient sich nicht des Tiefenschlafs, nicht der Trance; der Patient registriert jedes Geräusch, behält seinen eigenen Willen und kann jederzeit abbrechen, wenn ihm etwas nicht paßt. Für eine Bewußtmachung verdrängter Inhalte oder für die Schmerzheilung ist die Tiefenhypnose weder erwünscht noch notwendig. Wer mehr erreichen will, begibt sich in eine problematische Grauzone: Dann können mitunter Abhängigkeiten vom Hypnotiseur entstehen; es können verborgene psychotische Störungen aufbrechen. Es gilt also stets zu prüfen: Wer macht wie die Hypnose und wozu?

Auch hier kursieren die seltsamsten Ansichten. Wenn ich dann bohre, entdecke ich Unkenntnis über Verfahrensweise, Ziel und psychovegetative Abläufe des Autogenen Trainings. Die Argumentationen dagegen lauten stereotyp:

1. Autogenes Training ist eine aus der Hypnose entwickelte Methode und daher okkult.
2. Es dient der Entspannung und ichzentrierten Selbsterlösung, daher ist es unchristlich.
3. Ein gläubiger Christ braucht keine solche Entspannung; er hat ja Jesus.

Zu 1. Das Autogene Training wurde aus den hypnotischen Verfahren entwickelt und stellt eine autosuggestive, also konzentrative Entspannung dar. Die gedanklichen Fähigkeiten werden eingesetzt zur körperlich-seelischen Beruhigung. Das ist nicht okkult.
Zu 2. Das Autogene Training ist keine ichzentrierte Selbsterlösungstechnik. Es hat Grenzen, und wer mehr erreichen will als Entspannung, wird einschlafen oder bei Übertraining nervös und unkonzentriert werden. Es ist nicht mehr und nicht weniger ichzentriert oder körperzentriert als eine Massage oder ein Kunsttanz. Daß der von Gott geschaffene Körper der Ruhe bedarf, ist klar. Und das Autogene Training ist eine rasch erlernbare, unkomplizierte Methode dazu.
Die meisten Menschen praktizieren unbewußt und unsystematisch das autogene suggestive Denken, wenn sie sich zum Beispiel ständig einreden: »Ich kann das nicht, ich schaffe das nicht, mir geht's so schlecht . . .« Sie kreisen jammernd um sich selbst und erreichen genau das, was sie befürchten. Im Autogenen Training nun wird dieses Denken bewußt und positiv gestaltet durch Formeln wie: »Es geht mir gut. Alles ist entspannt, das Leben ist schön . . .« Wärmegefühle, Ruhe und Kreislaufstabilisierung sind die Folgen.

Manche benutzen es als Einstieg in die Meditation, in die Bibellektüre, ins Gebet. Das Bewußtsein ist stets wach; die Umweltgeräusche und ablenkenden Gedanken werden registriert, sind aber nicht mehr so störend. Ziel ist die Gelassenheit dem beruflichen oder privaten Streß gegenüber.
Zu 3: Diese Behauptung ist sehr naiv. Damit lassen sich sehr viele nützliche Dinge wegschieben, die im Schöpfungsplan Gottes ihre Berechtigung haben. Ein gläubiger Mensch braucht dann auch keine Medikamente mehr, keine Massage, keine Vitaminpillen. Er hat ja Jesus. Er muß nur stark genug glauben.
Gott wünscht die Pflege unseres Körpers, das heißt auch die Psychohygiene, denn Körper, Seele und Geist lassen sich nicht trennen. Wir sollen also unsere Konzentrationsfähigkeit nutzen, die letztlich selbstverständlich Gott zum Ziel hat. Bewußtseinserweiterung läßt sich mit dem Autogenen Training nicht erreichen, auch kein Aussteigen aus dem Körper (Wanderung des sogenannten Astralleibs).
Gegen Bewußtseinserweiterung an sich ist noch nichts einzuwenden. Doch bleibt die Frage, mit welchen Mitteln und mit welchem Ziel jemand sein Bewußtsein erweitern möchte. Mir ist kein Fall bekannt, in dem es durch Bewußtseinserweiterung mittels Drogen oder Magie zu einem objektiven Mehr an Wissen und Erkenntnis gekommen wäre. Ich kenne aber genügend Leute, die dadurch eine Bewußtseinseinengung und geistig-seelische Verkümmerung erlitten. Wirklich befreiende Erkenntnis oder ein Mehr an Lebensintensität vermittelt allein Gott demjenigen, der sich für ihn öffnet und von ihm erfüllen läßt. Dazu verhelfen eine ganz persönliche Liebe zu Gott, Gebet, Verzicht auf gottähnliche Attribute.
Es gibt eine Fülle von Tonbandkassetten auf dem Markt zu kaufen, die allesamt »Wege zum positiven Denken und Handeln« aufzeigen und die Person Jesu dabei völlig außer acht lassen. Da ist die Rede von kosmischen Reisen, von vollkommener Harmonie, von Ichversenkung, vom sicheren Weg zu Erfolg und Reichtum. Tatsache ist, daß der

Geist Gottes jedem Menschen genügend Gaben schenkt, die er nur zu erkennen und einzusetzen braucht. Natürlich muß er sich dabei immer wieder betend seinem Gott zuwenden. Bei vielen Selbstsuggestionsverfahren handelt es sich um eine von Gott abgekoppelte Eigenregie zur Erlangung fragwürdiger Ziele: Intensiveres Sexualleben, materieller Gewinn und berufliche Erfolgssicherung. Andere wieder versprechen Lebensfreude, Gesundheit und eine größere Selbstentfaltung. Die meisten seelischen Störungen haben ihre Wurzel im Sinn-, Liebes- und Glaubensverlust; nur eine bewußte und kompromißlose Hinwendung zu meinem Schöpfer ermöglicht mir letztlich die Erfüllung dieses seelischen Vakuums.

Yoga

Es gibt eine Reihe ablehnender Stimmen dem Yoga gegenüber. Das hat seine guten Gründe: Es geht hierbei um den Versuch, sich mittels Versenkung in einen tranceähnlichen Zustand jenseits von allen Empfindungen und weltlichen Begierden zu erlösen. Ziel ist das Einswerden mit dem Universum, die völlige Harmonie mit dem Kosmos.

Ein Yoga, das diese Selbsterlösung anstrebt, ist für den Christen abzulehnen. Dabei ist es gleich, ob es sich um das Bhaki-Yoga handelt (Hingabe an Buddha), das die bessere Wiedergeburt einleiten soll, oder um das Tantra-Yoga, das eine sexuelle Befreiung sucht, oder um jede andere Form, die mehr will als nur eine körperlich-seelische Entspannung. Sobald Silbennennungen (Mantra) eine Rolle spielen oder Trancezustände erreicht werden wollen, ist abzuraten, da hierbei tatsächlich Einflußmöglichkeiten negativer Kräfte gegeben sind. So können die Mantras Götternamen oder Anrufungen von Geistwesen bedeuten.

Hysterische Personen können in krankhafte Zustände verfallen; unbewußte, hochgeschraubte Erwartungshaltungen vermögen hier beim enttäuschten und suchenden Menschen neuerliche Konflikte auszulösen.

Nun ist Yoga nicht gleich Yoga. Vor allem an den Volkshochschulen und Bildungsstätten wird meist ein Atem-Yoga gelehrt, das ausschließlich dem positiven Denken und der körperlichen Harmonie dient. Entscheidend sind auch hier die oben genannten Kriterien. Der Interessent tut gut daran, sich den Trainer oder Yoga-Lehrer genau anzuschauen: Was ist das für eine Person? Welche Absichten verbindet er mit dem Yoga? Vorsicht ist geboten bei exotischen Plakatwerbungen, Inseraten oder Pressemeldungen, in denen irgendwelche Gurus (meist haben sie sich einen exotischen Namen zugelegt) Wege zum Glücklichsein anpreisen, Methoden zur Vollkommenheit, zur kosmischen Harmonie, zu einem erlösten Ego usw.
Ich kenne etliche Personen, die täglich das Atem-Yoga üben und so tatsächlich zu einer leibseelischen Entspannung kommen. Mehr wollen sie nicht. Es ist für sie eine Alternative zum Autogenen Training oder zur Muskelentspannung nach Jakobson oder zu anderen Entspannungsverfahren. Dagegen ist nichts einzuwenden. Der verantwortliche Umgang mit solchen Übungen ist dann nicht gefährlicher als der verantwortliche Umgang mit Medikamenten. Wir sollten uns davor hüten, allüberall Schlimmes zu wittern und die Macht negativer Einflüsse höher zu schätzen als den Schutz Gottes über seine Geschöpfe, die ihre Grenzen kennen.

Meditation

Die inzwischen auf dem freien Markt sich tummelnden Gurus und Meditationszentren sind unüberschaubar. Ob Workshops auf dem Bauernhof, ob Gruppenseminare in Schlössern – die Angebote sind oft mehr als zweifelhaft. Ich selbst bin ausgebildeter Gruppentrainer, kenne mich also auf dem Sektor der Gruppendynamik und -therapie gut aus. Was geschieht in solchen Gruppensitzungen, in denen 7 bis maximal 15 Personen beisammen sind? Nun, die Vielfalt der Techniken ist so bunt, daß ich hier nur einen Aspekt herausgreifen kann. Jeder Teilnehmer einer beliebigen Gruppe

erkennt seine Grenzen und Gefühle im Spiegelbild der anderen Teilnehmer; die unterschiedlichen Reaktionen der anderen machen ihm seine eigenen Verhaltensmuster bewußt. Hier werden neue, oft ungewohnte Verhaltensweisen eingeübt, verschlüsselte Reaktionen entschlüsselt, Gefühle wie Angst, Sympathie, Wut, Freude verbalisiert und kindische Verhaltensmuster analysiert. Ziel ist ein freies, vom Denken anderer unabhängiges Entfalten seiner gesamten Persönlichkeit.
Bei den meditativen Gruppenseminaren steht natürlich die Stille im Vordergrund; sie ermöglicht erst das Bewußtwerden verdrängter Konflikte und Empfindungen. Es kommt dann bisweilen zu plötzlichen Gefühlsausbrüchen, zu heftigen, befreienden Schreien, zum Aufbrechen neuer Sichtweisen in einem Leben.
Bei hochsensiblen, labilen Menschen besteht die Gefahr, daß sie sich jeder beliebigen Lehre ihres »Meisters« oder Seminarleiters hingeben und diese verinnerlichen. Das kann den Verlust der Kritikfähigkeit zur Folge haben, außerdem ein gewisses elitäres Selbstbewußtsein sowie Weltfremdheit. Daher ist nicht jeder für derartige Seminare geeignet. Es muß auch immer nach dem Ziel der Meditation gefragt werden. Und nach dem Meister selbt. Es gibt zu viele falsche Propheten, die sich mit dem Schafspelz tarnen und sich das Deckmäntelchen einer christlichen Meditation umhängen. Immer mehr asiatische »Techniken« werden in den Meditationszentren angeboten und mit christlichem Gedankengut vermischt. Es kommt zu einer Verwässerung der Religion, schließlich zu einem allmählichen Wegrücken von Gott zugunsten einer ich- oder körperbetonten Denkweise. Am Ende wird die »Meditation« zu einer Selbsterlösungsstrategie, die Reichtum, Macht, Selbstbewußtsein und kosmische Verbundenheit anstrebt.
Meditation meint Versenkung, nicht Trance. Sie ist ein Mittel zur Konfliktbewältigung, zur Sinnerhellung, zur Gottfindung. Sie darf nicht mißbraucht werden zur Selbsterlösung oder gar zur Erreichung okkulter, paranormaler Fähigkei-

ten. Ständige Mantra-Rezitationen mit stereotypen rhythmischen Bewegungen dürften wohl kaum den verschütteten Weg zu Gott freimachen. Hier kann es sogar geschehen, daß tiefliegende Ängste zu einem psychotischen Ausbruch drängen.

Begriffe wie transzendentale Meditation oder Sadhana sind Markenartikel aggressiver Sekten, die nicht Glück oder Heilung bringen, sondern finanzielle Armut, tiefe Abhängigkeit und innere Verwirrung. Bezeichnungen wie Arkanum, Trans-Inside-Travel, Psychosynthese, Reiki, Postural Integration, Kum Nye versprechen alles und nichts, verwirren mehr als sie klären, machen eher neugierig als kritisch, blenden mehr als zu erhellen. Vorsicht auch bei dem Begriff »Kailan«: Hier verbirgt sich die Bhagwan-Sekte. Ebenso gefährlich ist die »Neue Akropolis«, die als »Zentrum für Meditation und Kreativität« Interessenten locken will. Fast allen geht es ums Geld. Finger weg von allem, was sehr teuer ist oder zunächst kostenlos angeboten wird!

In was soll sich ein Christ versenken, wenn nicht in Christus? Will einer lediglich mehr Körperentspannung und geistige Erholung, so kann er sich leicht anderer therapeutischer Methoden bedienen: Autogenes Training, Muskelentspannung, Musik- und Bilderleben, gesunde Ernährung und maßvoller Sport.

Es scheint ein modischer Trend zu sein, bei irgendeinem exotischen Meister Anleihen zu machen und sich von seinem Gedankengut erfüllen zu lassen. Das gibt einem Elite- und Sendungsbewußtsein. Als Christ hat er es nicht nötig, irgendeinem »Oberapostel« nachzulaufen, wie Paulus im Brief an die Korinther schreibt. Es lohnt sich, die Kapitel 10–12 einmal durchzulesen. Dort beschreibt Paulus die Selbstanpreisung der neuen Gurus, die hohe Bezahlung und die scheinbar attraktivere Lehre als Merkmale der falschen Propheten.

Tiefliegende Konflikte und neurotische Störungen sollten nie Inhalte meditativer Übungen sein; dafür sollte die Hilfe seriöser Therapeuten in Anspruch genommen werden. Und wenn diese Konflikte im religiösen Bereich angesiedelt sind, ist es ratsam, einen bewußt christlichen Arzt oder Psychologen aufzusuchen; denn das Gebet und die Ausrichtung auf Gott sind wesentliche Voraussetzungen für eine christozentrische Therapie.

Noch ein Wort zum Zen, der buddhistischen Meditationsweise, die das Erlöschen jeglicher Gefühle anstrebt, also eine Abschaffung des Leids will. Ich behaupte, daß die christliche Meditation das Zen übersteigt und statt Verarmung der Gefühle ihre Bereicherung findet, statt Abschaffung des Leids seine Sinngebung sucht.

Der Zen-Buddhist sucht für sich allein die Versenkung, bewahrt für sich selbst die Ruhe. Der Christ gibt sie weiter und packt in der Not an. Er handelt in der Hoffnung, durch sein Handeln Leid und Not abwenden oder lindern zu können oder durch sein Mitleiden (griechisch: Sympathie) dem anderen Trost und Zuspruch geben zu können. »Es sind deshalb die betenden Christen und nicht die zazenden Buddhisten, die sich der Armen in den Slums indischer Großstädte annehmen.« (Max Thürkauf, Bestimmt zum Lob seiner Herrlichkeit. Leutesdorf 1985. S. 13)

Es ist nicht schlimm, schon gar nicht diabolisch, wenn ein Christ Zen (oder Zazen) praktiziert. Er könnte mit christlicher Meditation mehr erreichen. Vielleicht wendet er sich dem Zen zu aus Unkenntnis des Christentums oder auch aus Unkenntnis des Buddhismus. Bleibt zu hoffen, daß der Zen-Übende den Wert des Gebets wiedererkennt und über das Zen zur christlichen Meditation findet.

Es ist ein Dilemma unserer Zeit, daß wir zuwenig gläubige Therapeuten haben, wo gerade heute die okkult bedingten Psychosen und religiösen Neurosen blühen. Angst vor Gott, Schuldgefühle, Leistungsfrömmigkeit, religiöse Not lassen sich nicht medikamentös oder in weltanschaulich neutraler Analyse bewältigen, sondern nur durch Bewußtmachung und Annahme, durch Gebet und Korrektur.

Geistheilung

Es gibt in Deutschland etwa 3000 Geistheiler. Darunter versteht man Personen, die unter Handauflegung und Gebet bemüht sind, Krankheiten zu heilen. Es ist nicht einfach, hier die Scharlatane von den seriösen und christlich geprägten Heilern zu unterscheiden. Allgemein läßt sich sagen, daß die Mitglieder der Deutschen Vereinigung für Geistheilung e. V. überprüfte und aufrichtige Heiler sind, wenngleich auch manche von ihnen dem Gedanken der Reinkarnation sehr nahestehen.
Jedem bleibt also die Aufgabe zugestanden, von Fall zu Fall die persönliche Integrität und Glaubensrichtung des Heilers zu prüfen und im Gespräch direkt zu klären.
Nicht gut wäre es, in Bausch und Bogen die Geistheiler zu verurteilen. Es bedarf immer der Unterscheidung. Der Heiler weiß sich geführt vom Geist Gottes, der ihm auch die besondere Gabe der Heilung verliehen hat. Gewiß mag es Fälle geben, die aus christlicher Gesinnung heraus nicht mehr zu verantworten sind. Deshalb »prüfet alles und das Gute behaltet« (1 Thess 5, 21).
»Die Gottesbeziehung setzt paranormale Heilkräfte frei. Das gilt offenbar auch dann, wenn sie vom christlichen Standpunkt aus gesehen auf einem unvollkommenen oder verzerrten Bild des Göttlichen beruht. Gott vermag auch durch Menschen wirksam zu werden, die eine irrige Vorstellung von ihm haben.« (Christian Weis: Begnadet, besessen oder was sonst? S. 140)
Die Präsidentin der deutschen Heiler, Frau Anni Ziemer, lehnt ausdrücklich jegliche Verbindung mit esoterischem Gedankengut ab. Im Mitteilungsblatt Nr. 27/1986 schreibt sie: »Das Geistheilungsgeschehen ist ein spirituell-religiöses Phänomen, mit dessen Hilfe durch göttliche Allmacht körperliche, geistige, seelische Leiden geheilt oder wenigstens gelindert werden können.« Sie führt den Auftrag der Heiler auf Markus 16, 15 zurück: »Gehet hin in alle Welt und verkündet den Völkern das Evangelium . . ., in meinem Namen

sollt ihr den Kranken die Hände auflegen, und sie werden genesen.« Ich selbst habe sie in Bonn und Herrn Ruess in Stuttgart bei der Arbeit beobachtet und bin von der Ernsthaftigkeit und Echtheit ihres göttlichen Auftrags überzeugt. Auf derselben Seite 9 schreibt sie: »Geistheilung ist die Offenbarung der Liebe Gottes an allen seinen Geschöpfen durch den heilenden göttlichen Geist!« (Und nicht durch den Geist eines verstorbenen Arztes, wie manche Kritiker meinen!) Bescheidenes Auftreten, einfache Gebetsräume, kostenlose Gespräche und eine intensive Zuwendung zum hilfesuchenden Menschen sowie ein ständiges betendes Hören auf Gott sind Merkmale von echten Werkzeugen Gottes. Die Menschen gehen gestärkt und mit einer erneuerten Jesus-Beziehung heim.

Entscheidend ist auch, daß Gott die Ehre gegeben wird, daß keine Abhängigkeiten entstehen und keine materielle Bereicherung vorliegt, daß im Namen Gottes die Gabe ausgeübt wird.

Hierin unterscheiden sich die deutschen Heiler von den englischen Kollegen, die spiritistisches Denken und Handeln nach dem Tod ihres Begründers Harry Edwards annahmen und auch praktizieren. Ebenso sind die deutschen Heiler abzugrenzen von den philippinischen Wunderheilern, von denen ich einige auf Grund verschiedener Berichte und auf Grund der aufschlußreichen Entlarvung durch eine ehemalige Assistentin eines Wunderheilers, Frau Johanna Michaelsen, für Scharlatane, Betrüger und gefährliche Werkzeuge halte.

Zwar wird auch hier gebetet, aber die gesamte Atmosphäre lenkt von Gott ab. Da steht der Heiler im Mittelpunkt spektakulärer Geschehnisse, da ergreift der Geist eines Verstorbenen Besitz vom Heiler, dessen Sprechtonus sich plötzlich verändert und der sich nach dem Geschehen an nichts mehr erinnern kann. Darüber können auch die aufgestellten Heiligenfiguren und Kruzifixe nicht hinwegtäuschen. An den Früchten kann man sie erkennen, und Frau Michaelsen offenbarte da eine Menge zweifelhafter Folgeerscheinungen.

Ich muß hier unwillkürlich an die »bösen Geister des himmlischen Bereichs« denken, von denen Paulus in Eph 6, 12 spricht. »Und viele werden sagen: Herr, Herr, in deinem Namen haben wir geweissagt und böse Geister ausgetrieben. Ich aber sage ihnen: Ich habe euch nie gekannt. Ihr habt versäumt, nach Gottes Willen zu leben. Fort mit euch!« (Mt 7, 22 f.)

Die oben erwähnte Deutsche Vereinigung für Geistheilung e. V. (DVGH), deren Sekretariat sich in Bonn befindet, hat charismatischen Charakter: Die Heiler sind Werkzeuge des Heiligen Geistes; sie fühlen sich der christlichen Kirche und der Bibel verpflichtet; sie führen viele Menschen wieder hin zu Gebet und Glauben. Und darauf kommt es an.

Als die Jünger einen Mann sahen, der heilte, ohne zu ihrer Gruppe zu gehören, und dies Jesus meldeten, sagte er: »Laßt ihn doch. Wer nicht gegen euch ist, ist für euch!« (Lk 9, 49 f.). Dieser Mann heilte im Namen Jesu. Nun gibt es aber eine Menge Heiler, die ohne Gebet und ohne Berufung auf Gott ihr Hand-Werk ausüben. Selbst wenn sie Erfolg haben, wäre es sehr unklug und vorschnell, hier von dämonischen Machenschaften zu reden. Viel eher drängt sich der Verdacht auf, daß Erwartungshaltungen beim Patienten (Suggestiv-Heilung), psychodynamische Vorgänge beim Heiler (trainierte paranormale Befähigung) oder schlichtweg Betrug vorliegen können. Es gibt auch natürliche Kräfte, die von einem psychisch starken und selbstbewußten Menschen ausgehen und auf Schwache einen entsprechenden Einfluß ausüben können. Es gibt keinen Grund, diese Heiler ins Abseits zu drängen oder gar in die dämonische Ecke zu stellen. Hier müssen wir alle noch viel lernen.

Esoterik

Wer heute den Inseraten- und Werbeteil der Illustrierten, der Magazine und auch fachbezogener Monatszeitschriften aufmerksam studiert, findet eine Fülle von Hinweisen auf esoterische Seminare und Vereinigungen. Und es scheint,

daß immer mehr Akademiker auf dieser Welle reiten, nicht selten sich auf C. G. Jung berufend. Die Esoterik ist eine nicht leicht zu durchschauende, schwer erklärbare Geheimwissenschaft. Das Wort selbst bedeutet »geheim«, »verborgen« und ist somit dem Begriff »okkult« gleichzusetzen.
Die Esoterik lehrt die schicksalhafte Beeinflussung durch die Gestirne (Astrologie, Horoskopie); derzeit erwartet sie das Wassermann-Zeitalter, das neue Zeitalter, englisch »New Age«. Dieser Begriff steht auch für eine esoterisch-mystische Philosophie, die die Einheit mit der Natur sucht und dabei zu einer ökologischen Religion geworden ist, deren Aktivität problematisch ist. Wer nicht fest im christlichen Glauben verankert ist, läuft Gefahr, sein Heil nur noch in ihr zu suchen und sie zu seiner Ersatzreligion zu erheben. Die Esoterik glaubt an Götter, Zauberei, Magie, an die Wissenschaft von den kosmischen Gesetzen (Kabbala), an die Wiedergeburt (Reinkarnation), die Jesus überwunden hat. Sie leugnet die Gottessohnschaft Jesu und betrachtet ihn als Esoteriker, dessen »Einweihung« als Mensch von den kosmischen Gesetzen her erklärt werden kann.
Ihr Grundgesetz lautet: Alles ist eins. Das Göttliche und das Menschliche sind ihrem Wesen nach nicht unterschiedlich, sondern Äußerungen ein und desselben Prinzips auf verschiedenen Ebenen. Ebenso sind Gut und Böse keine ewigen Wirklichkeiten. Christliche Esoteriker setzen oft ihre persönliche Gotteserfahrung absolut. Sie lehren ein Christentum ohne Kirche, ohne Kult und ohne Sakramente.
Alles Äußerliche lehnen sie ab. Einige Gruppen fallen durch promiskuitive (partnerwechselnde) und kultisch verbrämte Sexualität auf, durch die sie zur Bewußtseinserweiterung vorstoßen wollen. Bhagwan ist ein Anhänger dieser Esoterik; er war Schüler des 1949 verstorbenen skrupellosen Esoterikers Gurdjew, der Zauberei und Magie übelster Machart betrieb.
Die Esoterik ist undurchschaubar und will es auch sein. Sie wirkt auf enttäuschte sensitive Menschen sehr anziehend,

weil sie dem Kenner dieser buntschillernden Geheimlehren so etwas wie Elitebewußtsein verleiht. Zu ihr gehören die Tarotkarten ebenso wie die Alchimie, Magie oder der Schamanismus. Außerdem kennt wohl jeder esoterisch Eingeweihte das I Ging, ein Orakelspiel, in dem Hexagramme gedeutet werden. Es geht in der Esoterik vor allem um die Sprache der Symbole. Sie sprechen die menschlichen Sinne an und vermögen Energien freizusetzen.

Bei der Gelegenheit möchte ich darauf hinweisen, daß ich die Werbung für esoterische Literatur, die der Goldmann-Verlag im Anhang meines Erziehungsbuches »Heute ich – morgen du« betreibt, nicht unterstütze. Keine noch so ausgetüftelte Esoterik kann Vollkommenheit vermitteln, Reichtum durch ASW (Außersinnliche Wahrnehmung), Macht über andere. Als Christ orientiere ich mich an der Bibel und an Jesus, der von sich sagt: »Ich bin der Weg, die Wahrheit und das Leben!« (Joh 14, 6)

Natürlich hat die Esoterik nur dann einen Sinn, wenn sie sich praktisch im Leben eines Menschen auswirkt. So ist gerade die Erhaltung der Gesundheit ein wichtiges Gebiet der Esoterik, das eingeleitet wurde von Theophrastus Bombastus von Hohenheim, genannt Paracelsus (1493–1541). Seine These lautet: Jede Krankheit ist eine Gleichgewichtsstörung der im Menschen vorhandenen kosmischen Energie. Dieses energetische Gleichgewicht muß wiederhergestellt werden, indem man dem Kranken entsprechende Energien zuführt.

Hierunter fällt als bekannteste Heilmethode die Homöopathie nach Samuel Hahnemann (1755–1843), der erkannte, daß es nur eine Energie gibt, die je nach Höhe der Dosis krank machen oder heilen kann.

Im Klartext heißt das: Die vielfache Potenzierung eines pflanzlichen Substrats vermag eine körperliche beziehungsweise seelische Störung zu heilen, während eine zu niedrige Potenzierung oder die reine Form eben jene Störung verursachen kann. So löst ein unverdünnter Tropfen Arnica montana (Bergwohlverleih) Unruhe aus, während er hochverdünnt die Unruhe beseitigt. Unter Potenzierung versteht man die Ausdehnung der molekularen Oberfläche durch Vermischung mit Alkohol. Eine D 1-Potenzierung bedeutet: 1 Tropfen des pflanzlichen Substrats wird mit 10 Tropfen Alkohol vermischt. D 2 = 10^2 = 100 Tropfen Alkohol auf 1 Tropfen Extrakt. Ab der 23. Potenzierung (eine Zahl mit 23 Nullen) ist kein Molekül des pflanzlichen Mittels unter dem Mikroskop festzustellen. Dennoch wirkt das Mittel. Hier setzt die Kritik vieler strenggläubiger und ängstlicher Christen an: Wer oder was wirkt hier? fragen sie sich und sind geneigt, unlautere Kräfte dafür verantwortlich zu machen.

Eine solche Einstellung halte ich für fehl am Platz. Gott bedient sich vieler wissenschaftlich (noch) nicht beweisbarer Heilungsmethoden. Es kommt auch immer darauf an, wes Geistes Kind der Homöopath ist. Wer eine solche Heilmethode ablehnt, weil sie esoterischen Ursprungs ist, schüttet das Kind mit dem Bade aus. Ich bekomme manchmal das Gefühl nicht los, daß einige Christen den Teufel für allgegenwärtiger halten als Gott. Und ihn stets dort wittern, wo es geheimnisvoll zugeht. Das größte Geheimnis aber ist Gott selber, der uns ständig neue Rätsel aufgibt.

Die Ablehnung einer Person oder einer Idee sollte nicht automatisch zur Ablehnung sämtlicher Ideen dieser einen Person führen. Dieser sogenannte Halo-Effekt (Hof-Effekt), bei dem eine Person allgemein als negativ empfunden wird, wenn man eine einzige negative Eigenschaft an ihr feststellt, widerspricht der Tugend der Klugheit und verführt zu einer verengten Weltsicht. So muß die Homöopathie nicht schon deshalb schlecht sein, weil ihr Begründer fragwürdiges Gedankengut vertrat. Wir sind alle Sünder und tun auch Gutes. Und das Gute im anderen zu sehen, ist eine kluge biblische Empfehlung.

Anthroposophie

Nach dem Studium der Steinerschen Anthroposophie komme ich nicht umhin, diese Ideologie rundum abzulehnen. Wenngleich manche pädagogische und medizinische Idee im Ansatz gut sein mag, bleibt das Gedankengut widersprüchlich, verwirrend, unchristlich. Die Leugnung der Gottessohnschaft Jesu, der Vorwurf Steiners, die Kirche habe die Bibel gefälscht, die esoterischen Lehren und seine okkulten Praktiken sind für einen Christen unannehmbar.
Wenn Steiner von der Dreifaltigkeit spricht, meint er Christus, Luzifer und Ahriman. In Luzifer und Ahriman sieht er Wesen, die zu der einen oder anderen Übertreibung verführen, nicht aber zur Auflehnung gegen Gott. Christus ist der Gleichgewichtspunkt zwischen beiden. Steiner wollte nie Christus dienen, sondern ihn zu seinem Werkzeug machen. Er verfälscht Christus zum Repräsentanten des Ich (Welten-Ich, Ur-Ich). Empört weist er den Gedanken zurück, der Mensch könne durch Christus Vergebung erfahren; vielmehr muß sich jeder Mensch von seinen Verfehlungen selber erlösen (Abtragen des Karma durch Leid und Wiedergeburt) und zum rein Geistigen zurückkehren. Eine lange Schulung zur Weckung hellseherischer Seelenkräfte soll den Interessenten in die »Geisteswissenschaft« Steiners einführen.
Die Anthroposophie entwickelte einen eigenen Stil der Architektur (zum Beispiel Goetheanum in Dornach bei Basel), der Sprache, der tänzerischen Bewegungen (Eurhythmie), der Medizin. Bedenklich ist das Verbiegen aller Begriffe, bis sie in das System der Anthroposophie passen.
Die Ethik Steiners ist ichbezogen, seine Liebe rein humanitär; er fordert Selbsterlösung und verneint ausdrücklich alles Göttliche außerhalb dieser Welt. Steiner läßt sich in weiten Zügen mit Steiner problemlos widerlegen. Der anthroposophische Apfel ist faul. Ernst Bloch erkannte 1934: »Niemand wieder, der die Geschichte mit größerem Mut der Halbbildung, kühnerer Enzyklopädie der Konfusion

durchleuchtet hätte als eben Steiner, der unabgelaufene Boß des Okkultismus.«

Nur wenige kennen die Anthroposophie, viele aber die überfüllten Waldorfschulen. Wenn ich sehe, daß ein Apfel eine faule Stelle hat, esse ich drumherum. Wenn aber mehr Fäulnis im Apfel steckt als sich außen zeigt, werfe ich ihn lieber als Ganzes fort. Es bleibt die Frage nach der unsichtbaren Fäule im System der Waldorfschulen: Inwieweit sind die Lehrpersonen der anthroposophischen Lehre verpflichtet? Inwieweit findet dann eine Indoktrination der Kinder statt? Welchen Platz nimmt der christliche Glaube dort ein?

Ich kenne christlich aktive Eltern, deren Kinder die Waldorfschule besuchen. Auf die Frage nach den Kernsätzen der Steinerschen Ideologie erntete ich fragendes Schweigen. Bekanntlich werden in Waldorfschulen viele religiöse Feste gefeiert und biblische Texte gelesen, es wird meditiert. Dies klingt christlich, ist es aber nicht, da alles im anthroposophischen Licht gesehen wird. Es gibt keinen personalen, erlösenden Gott. Eine solche Haltung bleibt bei den Schülern nicht ohne Folgen.

Wir sollten uns aber davor hüten, anthroposophische Ärzte nur deshalb ins Abseits zu stellen, weil sie sich als Anthroposophen bezeichnen. Ihr ärztliches Können und ihre menschliche Qualität sind hoch anzuerkennen. Die Ablehnung einer Idee oder Weltanschauung darf nicht zur Ablehnung der Person selber führen. Das hat uns Jesus vorgelebt. Wie wollten wir sonst die christliche Liebe überzeugend leben, wenn nicht durch die Praxis der Liebe?

Der entschiedene Christ lehnt die verworrenen Ideen Steiners ab. Er orientiert sich kompromißlos an den Lehren Jesu und nimmt dafür in Kauf, gelegentlich ausgelacht oder als Hinterwäldler beschimpft zu werden. »Selig seid ihr, wenn sie euch schmähen und verfolgen und euch alles Böse lügnerisch nachsagen um meinetwillen!« (Mt 5, 11)

Er muß aber stets darauf achten, seinen Glauben auch in Liebe und Mitmenschlichkeit zu leben, sonst überzeugt das

soziale Engagement des Anthroposophen mehr als der theoretisch gebliebene Glaube des Christen.
Noch ein Wort zur Reinkarnation. Es ist klar, daß die Auffassung von einer Wiedergeburt des Menschen mit der christlichen Lehre unvereinbar ist. Jesus selbst hat uns durch seinen Tod und seine Auferstehung erlöst. So bleibt der Mensch auch stets der Gnade Gottes ausgeliefert; jeder Versuch einer Selbsterlösung muß kläglich scheitern. Die Behauptung, die Kirche habe Hinweise auf die Lehre der Reinkarnation in der Bibel gestrichen, ist schlichtweg eine Lüge. Versuche, biblische Aussagen von einer »Wiedergeburt« als Beweise für eine Reinkarnation zu deuten, zeugen von einem falschen biblischen Verständnis. »Es ist den Menschen gesetzt, einmal zu sterben, und danach ist das Gericht«, schreibt Paulus an die Hebräer (9, 27). Und Johannes der Täufer, den einige für die Inkarnation des Propheten Elias hielten, wies das zurück: »Ich bin es nicht!« (Mk 8, 27) Und schließlich meint die Aussage Jesu von der »Wiedergeburt durch Wasser und den Heiligen Geist« (Joh 3, 5) die geistige Umkehr des Menschen, seine Hinwendung zu Gott und die Annahme des christlichen Lebens in der Taufe.
Immer wieder hat Steiner versucht, theologische und biblische Aussagen umzubiegen und für seine Ideen zu vereinnahmen. Die Irrlehre von der Reinkarnation spukt in vielen Köpfen nicht zuletzt deshalb, weil sie die Möglichkeit vorgaukelt, seinen Heilsweg selber bestimmen zu können, unabhängig von Gott.

SCHLUSSBEMERKUNG

Ich habe versucht, Wege zu einem vertieften christlichen Leben aufzuzeigen, wobei ich mich genötigt sah, auch die Ab- und Irrwege darzustellen. Um nicht das Kind mit dem Bad auszuschütten, bemühte ich mich zu unterscheiden, dabei die biblischen Weisungen, den eigenen Instinkt und auch Praxiserfahrungen berücksichtigend.

Ich habe das Skriptum von Menschen prüfen lassen, von denen ich glaube, daß sie vom Geist Gottes erfüllt sind. Das garantiert trotzdem nicht eine völlige Richtigkeit meiner Aussagen.

Derjenige, der sich Gott ausliefert und ständig nach seinem Willen fragt, bekommt allmählich ein Gespür für das Wirken des Heiligen Geistes. Er wird immer mehr in den Dienst Gottes genommen. Das heißt: Er wird Brandstifter, Botschafter, Wasserträger, Lichtträger Gottes sein. Und Unruhestifter. Er wird aber nie befreit sein vom täglichen Kampf gegen seine eigenen Schatten und vom Bewußtsein seiner Sündhaftigkeit.

Wer während und nach der Lektüre des Buches ein Gefühl der inneren Unruhe, des geistlichen Tatendrangs verspürt, sollte sich fragen, ob Gott ihn vielleicht angerührt hat. Denn er will seine Geschöpfe in seine Nähe rufen und sie zu Werkzeugen seiner Liebe und Botschaft machen. Und zwar dort, wo sie gerade beruflich stehen.

Diese Unruhe wird dann einer stillen Freude Platz machen, die immer wieder geschenkt wird, wenn ich mich stets von neuem der Botschaft Gottes öffne. Und jedem Leser wünsche ich diese heilsame Unruhe.

LITERATUR

Baumert, Norbert: Gaben des Geistes Jesu. Styria, Graz.
Bäumler, U.: Wir wollen doch nur deine Seele. (Über die Machenschaften von Rockmusikgruppen.) Schriftenmissionsverlag, Neukirchen-Vluyn.
Buob, Hans: Die Gaben des Heiligen Geistes. Veritas, Passau.
Hark, Helmut: Religiöse Neurosen. Kreuz-Verlag, Stuttgart.
Marquardt, Reiner: Über Eisheilige, Heilige und Scheinheilige. Hänssler, Neuhausen.
Marsch, Michael: Heilen. Otto Müller, Salzburg.
Michaelsen, Johanna: Der große Betrug. Schulte & Gerth, Aßlar.
Mühlen, Heribert: Erfahrungen mit dem Heiligen Geist. Topos 90. Matthias-Grünewald-Verlag, Mainz.
Ders.: Geistesgaben heute. Topos 116. Matthias-Grünewald-Verlag, Mainz.
Müller, Jörg: Stell dein Licht auf den Leuchter. J. F. Steinkopf, Stuttgart.
Ders., Lebensängste und Begegnung mit Gott. J. F. Steinkopf, Stuttgart.
Ders., Gott heilt auch dich. J. F. Steinkopf, Stuttgart.
Nouwen, Henri J. M.: Feuer, das von innen brennt. Stille und Gebet. Herder, Freiburg/Br.
Ders.: In ihm das Leben finden. Herder, Freiburg/Br.
Pierott, Vera: Anthroposophie – eine Alternative? Telos 335, Hänssler, Neuhausen.
Scharf, Georg: Fatima aktuell. Theodor Schmitz, Münster.
Suenens, Léon Kardinal: Erneuerung und die Mächte der Finsternis. Otto Müller, Salzburg.
Trobisch, Walter: Kleine Therapie für geistliche Durststrecken. Brockhaus, Wuppertal.
Vollmer, Klaus: Nachdenken, Umdenken, Neu denken. Brockhaus, Wuppertal.
Weis, Christian: Begnadet, besessen oder was sonst? Okkultismus und christlicher Glaube. Otto Müller, Salzburg.
Wiemer, Rudolf Otto: Ernstfall. J. F. Steinkopf, Stuttgart.

Bibelleseplan erhältlich bei Diakonissenmutterhaus Aidlingen, Postfach 1133, 7043 Döffingen-Grafenau.
Die Losungen der Brüdergemeine sind im Buchhandel erhältlich.

Die Bibelzitate sind der Jerusalemer Bibel entnommen.

Weitere Bücher von Jörg Müller im J. F. Steinkopf Verlag

Stell dein Licht auf den Leuchter

Echte und falsche Demut werden gegenübergestellt. Was steckt hinter der Selbstablehnung vieler Menschen? Was meinte Jesus mit Selbstverleugnung und -erniedrigung? Hier wird ein Weg gezeigt, der von falsch verstandener Bescheidenheit und versteckter Depression (oder Eitelkeit) befreit.

Gott heilt auch dich

Hier wird eine Lebenshilfe auf der Basis des christlichen Glaubens angeboten. Erfahrungen aus der Charismatischen Erneuerung liegen zugrunde. Heilung ist möglich, wenn Selbstannahme, Vergebung und Hören auf Gottes Wirken im Alltag praktiziert werden. Mit authentischen Heilungsberichten.

Lebensängste und Begegnung mit Gott

Über die Entstehung hysterischer, depressiver, aggressiver, zwanghafter und ängstlicher Verhaltensweisen; über Hilfen und Voraussetzungen zu Heilungen aus religiöser und psychologischer Sicht. Über angstmachende Gottesbilder. Mit Fallbeispielen und persönlichen Glaubenserfahrungen des Autors. Ein hilfreiches Buch zur Bewältigung religiöser Probleme.

Und heilt alle deine Gebrechen

Psychotherapie in christlicher Sicht: Es bedarf christlicher Therapeuten und Ärzte, die den biblischen Begriff der Heilung anwenden. Auf Grund der Zusage Gottes erfahren Menschen Heilung und Wiederherstellung an Leib und Seele. Das Buch verdeutlicht die Zusammenhänge von Gesundheit, Krankheit, Heil und Heilung.

Ein Christ . . .
Noch ein Christ . . .

Zwei Büchlein mit gereimten Ungereimtheiten eines Betroffenen, mit heiteren, besinnlichen und kritischen Versen, in denen von Gefahren und Auswüchsen, besonders aber von Freude und Zuversicht des christlichen Lebens die Rede ist.